자연
에게 배우는
77 가지
이야기

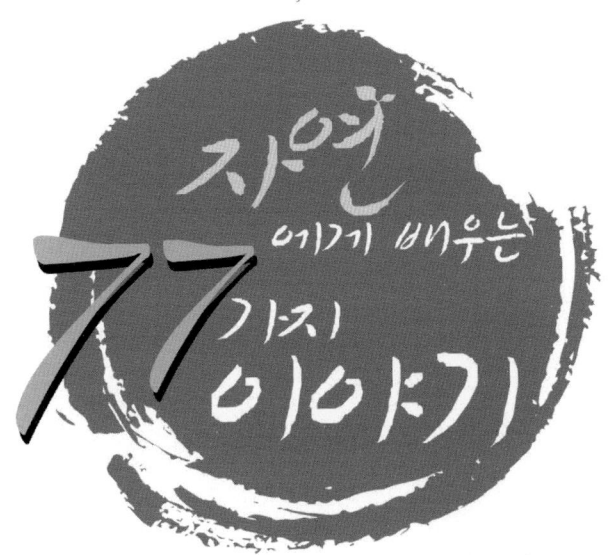

지연에게 배우는 77가지 이야기

김선호 지음

이담
Books

머 | 리 | 말

　자연은 말이 없다. 말이 없으니 자연의 소리를 사람이 알아들을 수가 없다. 자연은 그저 묵묵부답이다. 자연의 소리를 알아들을 수만 있다면 우리는 무엇을 배울 수 있을까?

　성서에 의하면 예수께서 이런 말씀을 한 적이 있다. "아침에 하늘이 붉고 흐리면 오늘은 날이 궂겠다 하나니"(마태복음 16장 3절)

　그는 당시 사람들이 천기를 분별할 줄 안다고 하셨다. 그렇다. 그때에는 사람들이 자연의 현상을 통해서 자연의 흐름을 읽을 줄 알았다. 그러나 시간이 흐른 지금 사람들은 자연의 현상을 보고 자연을 예측하는 능력이 현저하게 떨어졌다.

　지구 온난화가 진행되면서 기후는 걷잡을 수 없고 예측 불가능한 두려움의 대상으로 전락하고 있다. 현재 북극과 남극의 빙하들은 무서운 속도로 녹아내리고 있다. 태평양의 섬들은 그 존재 자체가 위태로울 정도다. 그렇다. 자연은 우리들에게 두려움의 존재가 되어 가고 있다.

자연은 그냥 두려움의 대상일 뿐인가? 자연은 인간에게 어떤 메시지를 들려주고자 하는가? 자연은 인간의 삶에 대해서도 자신의 메시지를 전해 줄 수 있을까?

필자는 자연의 소리를 듣는다는 것이 매우 중요하다고 생각하고 있다. 자연에는 메시지가 들어 있다. 특별히 인생에 대한 깊은 메시지를 담고 있다. 자연의 메시지를 듣는 사람들은 건강한 삶을 살아왔다.

우리가 잘 알고 있는 데이비드 소로는 자연 속에서 생활한 사람이다. 시민불복종에 관한 책을 비롯해서 굵직한 책을 쓴 사람이 바로 소로다. 그는 글을 쓰되 언제나 자연속을 산책하는 습관을 가졌었다. 자연 속을 걸으며 생각하고 자연 속에서 영감을 얻어 냈다. 그가 자연 속에서 글을 썼기 때문에 그의 글은 정직하고 힘이 있다.

돌아가신 박경리 선생도 말년에 원주에 둥지를 틀고 생활했다. 그녀는 글이 막히면 밭에서 호미를 들고 노동을 하였다. 흙냄새를 맡고 식물들을 돌보며 영감을 얻었다. 박경리의 사상은 자연과는 떼려야 뗄 수 없는 관계에 있었던 것이다.

자연은 인간에게 투명하고 정직한 지혜를 가르쳐 준다. 사람이 생각하지 못하는 부분에 벼락같은 영감을 줄 때가 있다. 예나 지금이나 자연을 가까이하는 사람이 지혜롭다. 자연을 가까이할 뿐 아니라 자연의 소리에 귀를 기울일 줄 아는 사람은 삶을 깊이 이해할 수 있다.

필자가 쓴 이 책은 자연에서 배울 수 있는 이야기를 중심으로 글을 써 내려갔다. 바라기는 독자들이 작은 이야기이지만 자연에서 삶을 배우고 삶 속에서 실천하게 되기를 바란다. 거짓 없는 삶, 투명한 삶, 지혜로운 삶에 동참하게 되었으면 하는 작은 바람을 가져 본다.

모두가 작은 일상 속에서 행복을 찾게 되길 바라며……

느티나무 아래에서 쓰다

목 | 차

01

산을 오르려거든

산에게서 배워라

1. 하나의 원칙에만 매이지 말라

필자는 국립공원인 변산반도에 자주 가는 편이다. 변산 반도의 해안선을 따라가다 보면 시원스러운 풍경들을 만나게 된다. 이곳에 오게 되면 서해안도 이렇게 큰 바다를 가슴에 품고 있었구나 하고 새삼스럽게 느끼게 된다. 또한 해질녘 석양에 붉게 떨어지는 태양의 빛줄기를 바라보고 있노라면 장엄함을 느낄 수 있다.

필자가 변산을 찾게 되는 이유를 들자면 산이 품고 있는 그 소박함과 장엄함이라는 두 개의 얼굴에 있다. 변산을 일컫는 말 중에는 "변산에 오면 산이 낮다고 얕보지 말고 그렇다고 산이 깊다고 당황하지 말라"는 말이 있다. 이처럼 변산은 전혀 다른 두 개의 얼굴을 하고 있다.

처음 변산을 찾는 사람은 착각할 수도 있다. 그것은 변산의 산들은 멀리서 보면 얕게 보이기 때문이다. 산림이 울창하지만 산의 모양과 지세는 포근하게 보인다. 산이 착하게 보인다. 그래서 쉽게 착각하게 되고 만만하게 보게 된다. '별거 아니겠네.'라고.

하지만 변산의 산들을 그렇게 우습게 보면 안 된다. 실제로 산을 오르기 시작하면 '아차, 이게 아니었구나'하는 생각이 스쳐 지나간다. 산을 오르다 보면 산이 생각보다 깊기 때문에 심적으로 당황하는 경우가 흔하다.

오르고 올라도 정상은 요원하기만 하다. 걸음은 느려진다. 호흡도 조금씩 거칠어지기 시작한다. 결코 만만한 산이 아니다. 멀리에서 보고 상상했던 포근한 변산이 아니다.

그러나 당황할 필요는 없다. 변산의 산들은 안전하다. 위험성도 있지만 안전을 위협할 만하지는 않다. 포기하고 싶은 마음이 들 때쯤에 좀 더 힘을 낸다면 목적지에 안전하게 다다를 수 있다.

이처럼 변산은 이곳을 찾는 이들에게 처음에는 소박한 얼굴을 보여 준다. 미소를 짓고 손짓을 한다. 만만해 보이게 하고 올라가고 싶을 만큼 소박함을 보여 준다.

소박한 모습에 반해서 산에 오르게 되면 다음에는 장성한 어른의 얼굴을 보여 준다. 끝없이 펼쳐지는 산의 무리들 사이로 큰 가슴을 보여 준다. 자연이 가지고 있는 힘이 무엇인지를 엿보게 해 준다. 험한 지세를 오르도록 해서 자신의 또 다른 얼굴을 내밀어 보여 주는 것이 변산이다.

이렇게 변산은 두 개의 얼굴을 하고 있다. 시골 소년의 소박한 얼굴과 경험 많은 장성한 어른의 잔주름이 선명한 양면의 얼굴을 이루고 있다.

변산의 산들을 오른다면 마음속에는 어느덧 자신감과 겸허함, 낙관과 비관의 감정들을 모두 경험하게 될 것이다. 때로는 지치게도 하고 한편으로는 해 보고자 하는 용기도 불어넣어 준다. 이것은 변산이 사람들에게 주는 두 개의 가치이자 선물이라고 하겠다. 이처럼 변산의 산들은 두 개의 가치들을 모두 보여 준다.

변산의 산을 오르는 사이에서 맛보는 심리적, 정신적 감정은 산을 오르는 사람에 따라 다르다. 어떤 사람은 낙관을, 어떤 이는 비관적 시각을 얻게 될 것이다.

이렇게 변산은 한 가지 가치에만 매달리지 말라고 우리에게 가르침을 준다. 하나의 가치에만 매달려서 산을 오르지 말라고 타이른다. 산을 오르려거든 다양한 가치를 자유롭게 음미하며 올라오라고 가르쳐 준다. 한 가지에만 집착하면 실수를 범한다고, 조용한 목소리로 타이른다.

우리가 각자의 인생의 산을 오른다면 자신감과 겸허함, 낙관과 비관을 자유롭게 체험하며 올라갈 일이다. 어느 한 가지의 가치에만 빠져든다는 것만큼 위험한 것은 없다. 그렇다. 인생의 산을 오른다면 모든 맛을 다 보며 올라가라. 쓴맛, 단맛, 신맛, 매운맛, 짠맛을 경험하며 인생의 참맛을 보라. 그것이 인생이라는 산이 우리를 부르는 진정한 이유일 것이다.

2. 삶이란 산을 오르는 것이다

산을 오른다는 것은 인생의 축소판이다. 실제로 등반을 한다는 것은 삶이 각자에게 정해 준 인생의 산을 오른다는 뜻이기도 하다. 그런 의미에서 우리 모두는 산을 오르는 중이다.

그렇다면 산을 오르려면 먼저 산을 알아야 한다. 산이 무엇인지, 왜 산에 오르려 하는지 목적이 분명해야 한다. 목적 없이 오르면 자칫 큰 화를 당할 수 있기 때문이다.

조지 말로리(George Mallory. 1886~1924)는 '왜 산에 오르는가?'라는 질문에 '산이 그곳에 있으니 오른다(Because it is there).'라는 명언을 남겼다. 그냥 그곳에 산이 있으니까 오른다. 말하자면 산에 오르고 싶다는 것은 인간에게는 참을 수 없는 본능적인 충동인 것이다.

위대한 등반가는 높은 산을 보면 그냥 오르고 싶은 충동을 느끼게 된다. 이유는 없다. 참을 수 없는 내적인 충동 때문에 산을 오르기 시작한다.

우리는 인생의 산을 왜 오르려 하는가? 이유는 없다. 산을 오른다는 것은 설명할 수 없는 끌림이 있을 뿐이다. 자신만이 오르는 산에는 남들이 모르는 끌림이 있기 때문에 오르는 것일 뿐 다른 말로는 설명할 수 없다.

프랑스 산악인 리오넬 테레이(Lionel Terray, 1921~1965) 가 쓴 '무상의 정복자'라는 책에서 산에 오르는 이유를 찾 을 수도 있을 것이다. 그는 산을 오르는 것에 대해서 말하 기를 '무상(無賞)의 행위'라고 표현했다. 이 말은 산을 오른 다는 것은 아무런 상도 얻지 못하는 등반가의 자발적 행위 란 뜻이다.

그는 이렇게 설명한다. "등반은 자기 과시가 아니며, 대 가를 요구하지 않는 인간의 의식과 행동이며, 자연에 대한 가장 순수하고 가혹하며 신중한 도전이다."

그에 의하면 한마디로 등반은 '자연에 대한 숭고한 도전'이 다. 하지만 이 숭고한 도전으로 인해서 얻은 것은 아무것도 없다. 등반이란 무엇을 얻기 위한 행동이 아니기 때문이다.

등반은 단지 '무상의 가치'를 추구할 수 있는 인간만이 할 수 있는 가장 독창적인 영역인 것이다. 말하자면 동물은 히말라야 정상까지 오르지 않는다. 오직 인간만이 산 정상 에 올라간다. 이것은 인간만이 할 수 있는 자유의지가 있기 때문에 가능하다. 누가 칭찬하거나 상을 주지 않는다 해도 스스로 그렇게 하고 오르고 싶어서 오르는 것이 등반이다. 따라서 산을 오른다는 것은 스스로 의미를 부여해야만 가 능한 행동이다. 자기 스스로가 의미를 부여하고 자유롭게 오르는 것이 등반인 것이다.

지금 당신은 어떤 산을 오르고 있는가? 그렇다면 산을 오르는 행동에 대해서 스스로의 의미를 부여해 보라. 당신만이 산을 오르는 의미를 부여할 수 있다. 누구도 대신해서 의미를 부여해 주지 않는다. 용기란 스스로 힘을 내는 것이다.

3. 자유롭게 선택하라

산을 오른다는 것은 인간이 자유롭게 선택하는 삶의 축소판적인 의미를 담고 있다. 산은 인간에게 자신이 가지고 있는 무한한 자유의지를 사용하며 올라올 것을 요구한다. 등반가는 자유롭게 스스로 올라가는 코스를 정하게 된다. 쉬는 장소를 정하는 것도 자유다. 전진하는 것도 자유다. 거친 호흡을 가다듬는 것도 자신만의 자유다. 그렇다. 산을 오른다는 것은 자신의 자유를 최고로 끌어올리며 지혜를 정교하게 사용하며 올라가는 과정이다.

인생이라는 산 앞에서 각자는 자신의 능력과 상상력을 발휘해 가며 올라간다. 모든 중요한 결정은 자기 자신의 자유의지에 달려 있다. 쉬고, 올라가고, 걷고, 뛰고, 멈추고, 심호흡하고, 잠시 사색에 잠기는 모든 과정이 자신의 자유의지에 달려 있다.

이처럼 모든 것이 열려 있는 자유로운 선택의 과정이 등반이다. 결국 우리 자신들이 인생이라는 산에 오른다는 것은 자유롭게 자신의 지혜를 정교하게 사용하며 올라가는 행위라 할 수 있다.

이렇게 자유를 이용하여 산에 오르다 보면 자연스럽게 정상으로 통하는 길이 자신의 내면에 있음을 발견하게 된다. 길은 산 위에 있는 것이 아니라 자기 안에 길이 있음을 깨닫게 된다.

소설가 김훈의 표현에 주목해 보자. "산에서 길은 자기 스스로 만들어 내는 것이 길이다." 그는 등반과 길에 관하여 계속해서 이렇게 설명했다. "길이란 어디에도 없고, 가야 한다는 생명의 복받침만이 있다. 인간의 앞쪽으로 뚫린 길은 없다. 길은 몸으로 밀고 나간 만큼만의 길이다. 길은 다만 없는 길을 밀어서 열어 내는 인간의 몸속에 있다. 몸만이 길인 것이다."

그렇다. 산을 오른다는 것은 길을 내는 과정이다. 길은 이미 내 몸속에 있다. 내가 걸어간 자리만큼만 길이 열린다. 다른 사람이 올라간 길을 넘볼 일도 아니다. 남의 길을 탐내다가는 죽을 수도 있다. 남의 길을 탐낼 필요조차 없다. 각자는 자신의 길을 걸어가면 그뿐이다. 길은 내 마음속에, 내 의지 안에 고스란히 담겨 있다.

결국 등반이란 자신의 의지로만, 자신의 지혜만큼만 전진할 수 있는 행위라고 하겠다. 올라간 방향이 길이요, 멈

쳐선 곳도 길이다. 스스로 모든 것을 결정하고, 선택하고, 책임지는 과정이 등반이다.

이렇게 산을 오르다 보면 자신의 몸이 곧 '길'이 되는 것임을 깨닫게 된다. 길은 이미 자신 안에 있음을 알게 된다.

4. 산을 정복하는 것이 아니라 산이 허락하는 것이다

산에 오르는 사람이라면 먼저 겸손함을 지켜야 한다. 헤르만 후버(Hermann Hoover)에 따르면 산에 오르는 사람들은 산의 법칙을 배워야만 한다. "등반가는 산의 법칙에 따라 행동할 줄 아는 사람이며 언제나 배워야 한다고 느끼는 사람이다." 산에서는 산의 법칙에 따라 행동해야 한다. 산에서의 제1의 법칙은 겸손이다. 그들은 배우는 사람들이다. 배우는 사람들은 겸손하다. 산에서 지나친 자만은 죽음을 불러올 수 있다. 산을 쉽게 생각하면 산은 자신에게 오르는 것을 결코 허락하지 않는다. 산 앞에서 만용을 부리는 것은 위험을 자처하는 일이 된다. 산은 수시로 얼굴을 바꾸기 때문이다. 아무리 노련한 산악인이라도 한 번의 실수나 오판을 산은 용납하지 않는다.

노련한 인물들도 때로는 실패하고 마는 것이 등반이다.

1987년 초 폴란드의 전설적인 산악인 예지 쿠쿠츠카(Jerzy Kukuczka, 1948~1989)는 세계 두 번째로 14좌에 성공한 인물이었다. 하지만 이런 노련한 산악인도 예외는 아니었다. 그는 14좌 완등 후 1989년 또 다른 루트에 도전하다가 로체남벽에서 추락하였고 산에서 죽음을 맞이하게 되었다. 안타깝게도 그는 히말라야 14좌 완등자 중 유일한 사망자로 기록되었다. 산은 이처럼 아무리 노련한 등반가라도 작은 실수도 허용하지 않는다. 이것이 산이다.

우에무라 나오미(植村直己, 1941~1984)는 일본인 최초의 에베레스트 등정가였다. 그는 70년 일본인 최초로 세계 최고봉 에베레스트 등정에 성공한 것을 비롯해 78년에는 세계 최초로 개가 끄는 썰매를 타고 단독으로 북극을 횡단해 북극점에 도달한 탐험가이자 등반가로 널리 알려진 인물이었다.

이처럼 세계적으로 유명했던 산악인, 우에무라는 1984년 2월 12일 최초의 매킨리 동계 단독 등정에도 성공하게 된다. 세계적 쾌거였다. 그러나 우에무라의 삶은 매킨리봉에서 하산하면서부터 죽음의 운명이 기다리고 있었다. 정상에 오른 다음 날 우에무라의 행방을 찾기 위해서 비행기가 떴다. 그의 안전을 염려해 공중을 선회하던 비행기는 우에무라를 발견했고 무선으로 그의 음성을 들었다. "예정시간보다 늦었지만 등정을 마쳤다. 베이스캠프에서 15일 픽업해 달라"고 그는 건강하게 교신을 주고받았다.

1984년 2월 15일. 예정대로 비행기가 올라갔다. 하지만 악천후로 인해 비행기는 그를 하산시키는 데 실패한다. 그는 얼음을 쌓아 올린 굴 밖으로 몸을 내밀며 비행기를 향해 걱정 말라는 손짓을 보였다. 노련한 산악인의 모습으로 마지막까지 여유 있는 모습을 보였다. 이후에 며칠간 이어진 악천후가 지속되면서 그의 행적은 영영 사라지고 말았다. 수차례에 걸친 수색대는 그가 정상 공격 직전에 머물렀던 눈 동굴 안에서 일기와 등산 장비만 발견했을 뿐이었다. 실종 당시 그의 나이는 43세였다. 너무 아까운 나이였고 탁월한 산악인이었다. 이렇게 노련하고도 탁월했던 산악인의 생명을 산은 흔적도 남기지 않고 데려갔다. 산에서는 어떤 것도 불확실하다. 만약 만용을 부린다면 더더욱 불확실해진다. 산은 어떤 예측도 불가능한 장소이기 때문이다.

또 한 명의 전설적인 등반가 라인홀트 메스너(Reinhold Messner, 1944~)는 1970년 낭가파르바트 등정에서부터 1986년 10월 16일 로체 등정까지 16년에 걸쳐 인류 최초 히말라야 8,000m 14좌 완등한 인물이다. 그는 1978년에는 인간이 불가능하다고 여겨지던 에베레스트 무산소 등정에 성공한 말 그대로 전설적인 등반가이기도 했다.

그런 그에게도 어김없이 산은 아픔을 안겨 주었다. 그는 1970년 동생 귄터 메스너와 낭가파르바트에 올랐다. 불행하게도 하산 도중 동생 귄터 메스너와 함께 눈사태를 만났다. 곧 동생 귄터 메스너는 실종되었다. 그리고 험한 눈사태 속에서 사랑하는 동생을 눈앞에서 영원히 잃게 된다. 자신도 굶주림과 악천후 속에서 사경을 헤매다가 간신히 구조되었는데 심한 동상으로 발가락 6개를 절단해야만 했다. 이렇게 동생을 잃게 된 기억은 일생 동안 자신을 괴롭히게 되는 사건으로 남게 된다. 라인홀트 메스너는 평생토록 동생을 잊을 수가 없었다.

이후로 메스너는 산을 오른다는 것에 대해서 이렇게 말했다. "나는 산을 정복하기 위해 오르는 것이 아니다. 또 영웅이 되어 돌아가기 위해서도 아니다. 단지 두려움을 통해 이 세계를 알고 싶고 또 새롭게 느끼고 싶을 뿐이다." 메스너는 산을 통해서 두려움을 느꼈고 두려움 속에서 세계를 새롭게 이해하길 원했다. 이처럼 산은 메스너처럼 두려움과 겸손을 지닌 등반가들에게만 정상에 오를 자격을 주는 듯하다.

그렇다면 우리는 어떠한가? 산을 오른다는 것은 무엇일까? 토종 한국의 등반가로 잘 알려진 엄홍길 대장은 등반에 대해서 이렇게 조언한다. "산은 정복의 대상이 아니다. 산이 허락하면 잠시 정상을 빌리는 것에 불과하다." 그렇다. 이 말은 영원한 진리다. 산은 정복의 대상이 아닌 것이다. 그가 들려주는 조언을 주의 깊게 들을 필요가 있다.

성공이 계속되다 보면 과욕을 부리게 되고, 자만하기 쉽다. 처음의 순수한 마음을 유지하기 어렵다. 그럴수록 긴장을 늦추지 않고, 겸허해야 하고 자신을 낮추어야 한다. 마음속에 자만이 깃들기 시작하면 주의력이 떨어지고 상황을 근거 없이 낙관하는 악습이 생긴다. 자만이 생기면 의지와 만용이 구별되지 않는다. 엄홍길. - 휴먼 리더십 중에서 -

엄홍길 대장이 지적하는 것처럼 과도한 자만은 자기 몰락의 지름길이다. 지나친 자만이 치명적인 실수를 불러오는 법이다. 따라서 산을 오르는 사람은 모두 지나친 자만을 경계해야 한다. 산에 오르려거든 먼저 겸손한 마음과 내면에 성숙한 마음을 지녀야만 정상에 서는 것이 가능하다. 산은 이렇게 겸허한 사람들에게 정상의 자리를 내어 주려고 기다리고 있다.

1940년대 초 두 사람이 8,848m의 에베레스트 산 정상에 도전한 적이 있다. 등반의 결과는 참담한 실패로 끝나고 말았다. 에베레스트 산을 힘없이 내려오면서 두 사람 가운데 한 청년은 이렇게 말했다.

"에베레스트, 너는 자라지 못한다. 그러나 나는 자랄 것이다. 그리고 반드시 돌아올 것이다."

이 청년은 10년 후에 에베레스트 산으로 다시 돌아왔다. 그리고 1953년 5월 29일 마침내 등반에 성공했다. 이 사람이 바로 최초로 에베레스트 산을 정복한 에드먼드 힐러리

(Edmund Percival Hillary, 1919~2008)였다.

보라! 꾸준히 성장하는 사람, 인생을 보는 눈이 자라나고, 깊어지는 사람, 겸허하게 인생을 보는 사람만이 산에 오를 수 있다. 산은 이렇게 부단히 성장하는 사람들에게 등정을 허락하는 것이다. 멈추지 말고 성장해 가라.

5. 정신의 양식을 산에서 구하라

산을 따라 오르다 보면 정신적 깊이가 깊어짐을 느낄 수 있다. 높이 올라갈수록 의식은 깨어 있는 상태로 생각이 명료해진다.

누군가의 말대로 "산에서 걷는다는 행위는 매순간 사유가 벌이는 축제"다. 생각이 깊어지고 창조적인 영감이 떠오른다. 높은 산에 오를수록 몸은 고되지만 생각만큼은 더 깊고 자유로워진다. 산을 오른다는 것은 결국 깊게 생각한다는 의미와도 같다. 걸으면서 생각하고 생각하면서 걷는 과정이 등반의 과정이다.

우찌무라 간조(内村鑑三, 1861~1930)에 의하면 산은 하늘로부터 영감을 얻는 곳이라고 했다. 많은 사람들이 산을 오르는 이유는 하늘의 영감을 받기 위함이라는 것이다. 산에 오르게 되면 사람의 내면에 깊은 자극을 주기 때문이라는 것이다. 그의 말을 들어 보자.

> 산은 하늘로부터 계시가 내리는 곳이다. 인류의 본능은 산을 신전을 짓는 곳으로 정하였다. 올림피아의 산정, 이곳은 그리스 전토 위에 하늘의 지혜가 강림하는 곳이었다. 시나이반도의 무샤 산(Jebel Musa) 꼭대기, 그곳은 십계명이 인류에게 내려진 곳이다. 히말라야 산 남면의 영취산, 이곳은 불교 3천 년의 기초를 열었던 곳으로, 동양교화의 근원지다. 우찌무라 간조. 우찌무라 간조 전집 중에서

이처럼 사람들은 산꼭대기에 올라 신적인 영감을 얻곤 했다. 따라서 각 개인이 인생의 산을 오르는 것은 영감을 얻기 위함이면서 동시에 초월적인 세계와 가까워지기 위함이라고 할 수 있다. 사람이 끊임없이 정상을 향해 오르는 이유는 그곳에 가면 하늘의 영감과 통찰을 접할 수 있기 때문이라고 하겠다.

그렇다. 할 수만 있다면 높이 올라가야 한다. 그리고 멀리 보라. 할 수만 있다면 삶 전체를 바라보라. 하늘의 영감과 통찰력을 배워라. 인간의 좁은 눈, 근시안을 버리고 크고 넓게 전체를 보라. 세상에는 없는 하늘의 영감을 얻으라.

사람이 세상을 바라보는 눈에는 크게 두 가지의 유형으로 분류할 수 있다. 하나는 두더지 형이고 또 하나는 독수리 형이다. 먼저 두더지의 눈으로 세상을 보는 사람들이 있

다. 두더지는 시력이 −5.0이다. 거의 앞을 보지 못한다. 두더지의 눈으로 바라본 세상은 자기가 판 굴이 세계의 전부다. 자기가 지나간 자리, 자신이 머무는 자리가 세상의 전부다. 자기 세계 밖의 외부의 세계에 대해서는 전혀 알지도 생각하지도 않는다.

이에 비해 독수리의 눈으로 세상을 바라보는 사람들이 있다. 독수리는 지상에서 30m 떨어진 상공에서도 볍씨를 한눈에 확인할 수 있을 정도의 정교한 눈을 가지고 있다. 따라서 독수리의 사냥 비결은 눈에 숨겨진 줌(Zoom) 기능에 있다. 먹이를 찾으려면 독수리는 망원렌즈 역할을 하는 광각 렌즈로 이글 아이(Eagle Eye)를 이용한다. 독수리는 전체를 보면서도 자신이 원하는 먹이를 정확하게 바라보고 찾아낸다. 그리고 먹이를 찾아내면 그것만을 보고 날아간다. 이처럼 독수리는 멀리, 전체를 보되 한곳에 집중하는 지혜를 가졌다.

세상을 보려거든 높고, 멀리, 그리고 전체를 보는 독수리의 눈을 가져라. 두더지의 눈을 가지고 세상을 살고자 한다면 편협한 사람으로 일생을 살 수밖에 없다. 두 눈은 독수리처럼 멀리 전체를 바라보라고 있는 것이다. 인생 전체를 통찰하라.

6. 위기십결(圍棋十訣), 바둑에도 삶의 비결은 있다

멀리 보고 전체를 볼 수 있는 능력은 깊은 안목에 있다. 깊은 안목은 수를 멀리까지 보아야 하는 바둑과 관련지어 생각해 볼 수 있을 것이다. 그렇다면 바둑은 언제 누가 시작한 것일까?

바둑의 기원은 요순 임금시대로까지 올라가 근원을 찾아 볼 수 있다. 박물지(博物誌)에 의하면 '요(堯)나라 임금이 바둑을 만들어 아들 단주(丹朱)를 가르쳤다.'는 기록이 있다. 또한 '순(舜)나라 임금이 아들 상균(商均)의 어리석음을 깨치기 위하여 바둑을 가르쳤다.'는 기록도 남아 있다. 이 기록은 바둑에 대해서 말하기를 '그 법이 지혜 있는 자가 아니면 잘할 수가 없다'고 평가하였다.

바둑은 지혜로운 자만이 할 수 있는 것이었다. 고대 중국왕실에서 바둑을 가르친 것으로 보아 바둑을 배우게 되면 생각이 넓어지고 깊어진다는 확신이 있었던 것으로 보인다.

바둑 자체는 생각을 깊고 멀리하게 만드는 삶의 작은 축소판이라고도 할 수 있다. 바둑의 한 수 한 수는 우리의 세상살이와도 무척 닮아 있다. 멀리 보지 않고 수를 두면 그것이 결정적인 실수가 되는 경우가 많다. 근시안적으로 한 수 때문에 결정적인 패배를 일으킬 수 있다는 점에서 우리 삶을 닮아 있다.

그렇다면 바둑을 잘 두려면 어떤 안목을 길러야 하는가? 바둑에도 좋은 안목을 지니기 위한 일정한 비책이 있다. 바둑을 잘 두도록 돕는 일종의 십계명이 있는데 이것을 위기십결(圍棋十訣)이라고 부른다.

위기십결은 중국 당나라 때의 시인이자 당 현종의 바둑 상대역으로 기대소(棋待詔) 벼슬을 지냈던 왕적신(王積薪)이 만들었다는 설과 송(宋)나라 시대의 유중보(劉中甫)라는 설이 전해져 온다. 저자가 누구인지는 그리 중요하지 않다. 다만 위기십결 은 바둑을 두는 사람의 마음에 균형감을 지니게 돕는 법칙임에 틀림없다. 여기 법칙을 소개하자면 다음과 같다.

부득탐승(不得貪勝). 이기려고 욕심을 내면 승리를 얻을 수 없다.
사소취대(捨小取大). 눈앞의 작은 이익을 탐내지 말고 넓게 보아서 중요한 요소를 차지하라.
동수상응(動須相應). 상대가 움직이면 같이 움직이고 멈추면 같이 멈춰라.
세고취화(勢孤取和). 접전의 경우 내 형세가 외롭거든 싸우지 말고 화평을 도모하라.
입계의완(入界宜緩). 상대의 세력권에 들어갈 경우 깊이 들어가지 말라.
공피고아(功彼顧我). 상대를 공격할 때는 나의 능력 여부와 결점 여부를 먼저 살펴라.

기자쟁선(棄子爭先), 다소 손실을 본다 하더라도 선수를 빼앗기
지 말라.

봉위수기(縫危須棄), 위기 시에는 기회가 올 때까지 기다려라.

신물경속(愼勿輕速), 경솔치 말고 항시 신중을 기하라.

피강자보(彼强自保), 상대의 세력이 거셀 경우에는 우선 나의
안전을 도모하라.

특히 사소취대(捨小取大)란 구절은 큰 눈으로 멀리 바라
보는 안목을 가르치고 있다. 작은 한 수만 생각하거나 자기
패만 보는 실수를 범하지 말고 전체를 바라보는 눈을 갖도
록 조언하고 있다. 작은 이익에 매이게 되면 중요한 것을
잃게 된다는 것이다.

삶도 그렇다. 자신의 패에만 신경 쓰면 패착에 이르게
된다. 인생도 마찬가지다. 넓게, 전체를 그려 보는 눈을 길
러야 한다. 자기 세계에만 갇혀 지내다 보면 전부를 잃게
될 때가 있다. 자신을 넘어 사회전체를 넓은 시야로 바라보
는 안목이 필요할 때도 있다. 어느 한 가지 원칙에만 매여
서 사는 것은 위험하다. 유연함이 필요한 것이 인생이다.

기성(棋聖)으로 불리는 오청원(吳淸源, 1914~)은 중국
청나라 관리의 아들로 태어난 중국인이다. 그는 12세 때
베이징에 온 일본 바둑기사 이와모토 카오루 6단에게 이겨
천재라는 이름을 얻게 된다. 이후 1933년 혼인 보슈사이
명인과의 대국에서 삼삼(三三), 화점, 천원(天元)의 포석을

놓아 주목받게 되었다.

오청원은 기타니 미노루와 함께 신포석법(新布石法)을 개척하여 당시 최고단자인 기타니 미노루, 사카타 에이오, 다카가와 가쿠, 후지자와 호사이 등을 십번기에서 연파하며 일본 바둑계의 제1인자로 이름을 떨치게 된다. 이러한 오청원은 바둑의 '정석'에 대해 다음과 같은 말을 한 적이 있다.

> '정석은 결정적이다'라고 인식시키는 정(定)자가 나쁩니다. 원래 정석은 포석과 함께 변동해야 하는 것입니다. 장기에서는 포석과 정석이 하나이지만, **바둑에서는 국면이 넓기 때문에 정석과 포석을 분리시켜 가르치고 있는데 거기에서 오해가 생깁니다. 본래 정석은 포석과 함께 변화하는 것입니다.** 오청원

오청원은 알고 있었다. 정석과 포석의 유연한 작용을 꿰뚫어 보고 있었다. 그렇다. 바둑은 넓다. 정석은 포석과 함께 가는 것이 옳다. 왜냐면 바둑에 있어서는 무수한 상황들이 있기 때문이다. 정석만 고집해서는 안 된다. 멀리 보는 포석이 함께 가야 한다. 정도를 걸어가면서도 변화를 예상하고 미리 대비하는 포석의 지혜가 필요하다. 포석과 정석이 함께 진행되도록 해야 한다.

우리의 삶도 그렇다. 멀리 보고 크게 볼 줄 알아야 한다. 전체를 보는 안목, 응용할 줄 아는 지혜가 필요하다.

02

사막을 건너는

법을 배워라

7. 삶은 사막을 닮아 있다

인생은 사막을 건너는 긴 여행에 비유할 수 있다. 우리가 걸어가야 할 사막이란 황량하기만 하다. 모래사막이 망망한 바다처럼 펼쳐지는 곳이 사막이다. 사막은 산을 오르는 등반과는 분명히 다르다. 사막이 등반과 가장 다른 점은 분명한 목표점이 보이지 않는다는 데 있다.

목표점이 분명한 등반은 정상에 오르는 코스나 올라야 할 방향을 명확히 정할 수 있다. 그러나 등반과는 달리 사막을 건넌다는 것은 목표지점이나 꼭 가야만 하는 루트 자체가 불분명하다. 누구도 가르쳐 주지 않는 길이며 추구하는 방향도 각 개인마다 다르다.

스티브 도나휴(Steve Donahue)가 쓴 '사막을 건너는 여섯 가지 방법'이라는 책에서는 사막과 등반은 얼마나 다른지를 보여 준다.

산악인들에게는 목표가 있으며 정상에 오를 때까지 얼마만큼
의 시간이 걸릴지도 알 수 있다. 그들은 목적지에 도달하는 데
걸리는 구체적인 시간까지도 계획을 세운다. 우리는 목표를 추구
하고 성취하는 데 중점을 두고, 결과를 중시하는 사회 속에서 살
고 있다. 문제점을 정의하고, 목표를 설정하고, 계획을 실행하는
것을 모든 문제의 해결책으로 여긴다. 이것이 바로 산악인의 정신
이다. 스티브 도나휴, -사막을 건너는 여섯 가지 방법 중에서 -

스티브 도나휴의 주장처럼 산을 오르는 산악인들에게는
확실한 목표가 있다. 하지만 사막을 건너는 데 있어서는 등
반의 기술이란 것을 써먹을 데가 없다. 스티브 도나휴가 암
시하고 있듯이 사람들은 막연한 것, 모호한 것, 혹은 불명
확한 상황들을 피하려 든다. 불확실한 것을 잘 참지 못한
다. 따라서 길을 잃었다면 먼저 방향을 잡으려고 노력한다.
그러나 방향이 중요하다.

다시 말하지만 사막에서는 자신의 결단이 곧 방향이 된
다. 만약 결단을 내리지 못하고 우왕좌왕하다가는 생명의
위협을 받기가 쉽다. 홀로 버려진 사막에서 이리저리 헤매
다가는 지쳐 쓰러질 것이 분명하다.

사막에 들어서면 어디가 어디인지 방향을 알 수가 없다.
방향감각을 잃기 쉽다. 황량한 모래바다에서 방향이란 너무
도 추상적이다. 한 가지 분명한 것은 모든 곳이 자신의 방
향이 될 수 있다는 것이다. 여기가 저기처럼 보이고 저기가
여기처럼 보인다. 하지만 자기가 걸어가는 방향이 바른 목

표점이 되고 궁극적인 목표가 된다. 말하자면 자기 의지와 결단이 곧 바로 방향이 되는 곳이 사막이라는 말이다.

따라서 사막을 건너는 모험에는 먼저 목표점을 분명히 결정해야 한다.

사막에서 확실히 나갈 방향이 없다는 것처럼 위험한 것은 없다. 방향이 없다는 것은 곧 죽음으로 이어 간다는 것을 의미하기 때문이다. 사막을 건넌다는 것은 마치 극지방 탐험과도 유사한 면이 있다. 사막과 극지방 탐험의 공통점은 방향을 흐리게 만드는 모래와 눈이라는 확실한 공통점이 존재한다는 데 있다. 따라서 극지방 탐험은 사막을 건너는 모험과 매우 유사하다.

눈으로 덮인 남극 대륙을 탐험했던 스코트(Robert Falcon Scott, 1868~1912)과 그의 일행의 경험은 우리에게 많은 시사점을 던져 준다. 1912년 1월 남극탐험을 떠난 후 기록한 보고서에서 스코트는 자신의 일기에 이렇게 적고 있다.

> 지평선조차 보이지 않았다. 아무리 둘러보아도 끊임없이 이어지는 백색의 천지일 뿐이다. 썰매를 타고 앞으로 나아가는 동안 어디를 향해 가고 있는지 말해 줄 수 있는 것은 아무것도 없었다. 얼마 가지 않아, 번번이 지나갔던 길로 다시 되돌아오곤 했다. 앞을 향해 가고 있다고 믿고 있었지만, 실제로는 큰 원을 그리며 주변을 맴돈 것이다. 이 문제를 해결하기 위해 우리는 시선을 고정시킬 수 있도록 정남향으로 눈 뭉치를 던지기 시작했다.

스코트 탐험대처럼 남극탐험에서 가장 어려운 점은 방향이었다. 따라서 그들은 시선을 정확하게 고정시킬 기준점이 필요했다. 한 지점을 표시하지 않으면 죽을 수도 있다. 우리도 또한 분명한 기준점이 없으면 광활한 눈밭을 맴돌다가 죽음을 맞이하게 될 것이다. 이와 같이 목적이 분명하지 않으면 도중에 죽는 일은 비일비재하게 일어나게 될 것이다. 가장 중요한 방향을 먼저 확정하라. 어디로 나아갈 것인지를 분명하게 정하라.

런던 타임지의 조사에 의하면 행복은 목표가 정해졌을 때 찾아오는 것이라는 결론을 내렸다. 참으로 지당한 말이다. 사람은 무엇을 해야 할지 분명한 목표가 정해졌을 때에 생기가 감돌고 활기가 넘쳐난다. 만약 목적을 상실하면 힘이 빠지고 매사가 귀찮게 느껴지게 될 것이다. 목적을 잃으면 사람이 살아가는 의미도 점점 잃게 된다.

인생이라는 사막에는 분명한 길이란 없다. 내가 가고자 하는 방향이 곧 길이며 목적지다. 따라서 자기 스스로의 뜻을 깊이 살펴볼 줄 알아야 한다. 비록 작고 여린 뜻일지라도 그 뜻으로 인해서 인생전체는 움직여 갈 것이다. 나 스스로의 뜻이 곧 내 인생의 길이다. 먼저 뜻을 분명히 하라. 어떤 방향으로 나아가고 싶은지 살펴보아라. 결국 그 방향으로 움직여 갈 것이다. 작은 뜻이라도 소홀히 여기지 말라.

8. 돌아갈 길을 생각하라

연어는 어떻게 자신이 태어난 곳으로 돌아올 수 있을까? 연어는 방향을 어떻게 정하는 것일까? 허슬리(Huxley)라는 학자에 의하면 "연어는 태어나면서부터 바다로 나갈 때까지의 기간 동안 자신이 태어난 강의 냄새를 기억하고 그 냄새에 의존하여 자신이 태어난 강으로 돌아온다"라고 했다. 그에 따르면 연어는 자신이 태어난 곳의 물맛을 기억하는 놀라운 녀석들이다. 자신이 태어난 곳의 냄새를 기억하는 기특한 존재들이 연어다.

연어의 회귀에 대한 또 다른 설명도 있다. 자기나침반 설이 그것이다. 이 설에 의하면 연어가 지구의 미세한 지자기를 감지하여 회유한다는 것이다. 연어는 지자기에 민감하게 반응할 수 있고 자기 고향으로 돌아온다고 보고 있다는 것이다.

또 다른 과학자들은 연어회귀에 관한 원인을 태양설에서 찾고 있다. 연어와 같은 회귀동물은 태양과 별의 위치로 태어난 곳을 찾아낸다는 가설이다. 이에 의하면 연어의 몸속에는 생체시계가 있어 시간의 경과에 따라 태양의 움직임을 함께 인지할 수 있다는 것이다. 태양의 방향으로 자신이 돌아갈 방향을 정확하게 정한다고 추정하고 있다.

이와 같이 어떤 설이 사실이든 간에 연어는 자기가 돌아가야 할 최종 목적지를 분명히 알고 있는 것만은 확실하다. 물의 냄새나 지구의 지자기 또는 태양이나 별의 위치를 통해서든 자신 돌아갈 곳을 분명히 아는 존재가 연어다.

방향은 이미 연어처럼 우리 안에 있다. 연어는 스스로 가야만 하는 길을 알고 있다. 어느 누구에게도 배운 적이 없지만 자신이 걸어갈 길을 알고 있다.

연어는 자신이 돌아갈 곳이 아니면 아무데서나 죽지 않는다. 자신의 사명을 마치기까지는 결코 여행을 중단하지 않는다. 이처럼 작지만 그 작은 몸 안에는 큰 뜻을 품고 살아가는 존재가 연어다.

뜻이란 선명한 방향과 상통한다. 연어는 어디에서 죽겠다는 분명한 목적의식이 있다. 방향과 목적은 이미 연어 안에 존재하고 어디로 돌아갈 것이라는 확고한 뜻이 있다. 이처럼 뜻은 이미 우리 안에 있고 그 뜻이 우리 삶을 움직인다. 우리 모두에게는 이미 내면에 뜻이 자리를 잡고 있다. 이제 뜻이 자신을 움직이게 하라.

우리는 결코 방향을 잃을 수 없는 존재들이다. 바른 길, 옳은 길, 가야 할 길이 어떤 길인지는 나 스스로가 알고 있다. 방향은 이미 알고 있다. 내 안에 방향이 있다. 내 마음이 이끄는 곳을 바라보라. 삶의 목표를 마음이 원하는 대로 그려 보라. 우리의 깊은 곳은 이미 알고 있다. 깊은 마음이 이끄는 곳으로 가라.

9. 인생이라는 사막을 건너는 8가지 원리

첫 번째 원리, 단순함의 원리를 지켜라

삶은 사막을 닮아 있다. 사막 같은 인생을 건너기 위해서는 몇 가지 원리를 따라야 한다. 사막을 건너는 원리를 안다면 무사히 통과할 수 있다. 그 첫 번째 원리는 단순함의 원리다. 사막은 단순함의 원리로 건너가야 한다. 단순함이란 한마디로 생략하는 기술이다. 사막에서는 짐을 생략하고 꼭 필요한 것만 챙겨서 가야 한다. 사막에서는 많은 짐을 생략해야만 한다. 다 가지고 건너려다가는 다 잃고 만다. 심지어 내 목숨도 잃을 수 있다.

사막은 준엄하다. 작은 실수도 너그러이 봐 주지 않는다. 작은 선택이 치명적인 결과를 제공할 수도 있음을 기억해야 한다. 그렇기 때문에 사막에서는 단순함의 원칙으로 대부분의 것을 생략한 채로 건너야 한다.

우리는 '사막의 순례자'를 쓴 프랑스의 고고학자 테오도르 모노(1902~2000, Thedore Monod)를 기억할 필요가 있다. 그는 탁월한 자연주의자이자 사막을 성소(聖所)로 삼고 일생을 사막탐험에 헌신한 인물이다. 그는 사막의 식물, 곤충, 돌들을 걸어가면서 손수 채집하고 연구하였다. 사막에서 지구와 인간의 역사 속에 깃든 의미를 탐구하려 노력한 진정한 사막의 구도자였다.

이와 같은 테오도르 모노에 의하면 사막을 건너기 위해서는 단순함의 법칙을 철저히 따르라고 조언해 준다. 모노에 의하면 사막을 건너기 위한 최상의 지혜는 우둔할 정도의 단순하고도 생략하는 법을 간직하는 것이다.

그는 생략하는 법에 대해서 이렇게 설명했다. "사막은 또한 '생략하는 법'을 가르쳐 준다. 한 사람에게 하루 2.5 ℓ의 물, 간소한 음식, 몇 권의 책, 몇 마디 말이면 족하다. 저녁은 전설, 이야기, 웃음 가득한 밤샘으로 이어진다. 나머지 시간은 명상과 정신 수양으로 보낸다." 이처럼 그가 일러 준 사막을 건너는 비결의 처음과 마지막은 '생략하는 법'이며 간소화의 법칙이었다.

그에 의하면 단순하고도 간소하게 생활한다면 사막생활도 얼마든지 풍요로울 수 있다. 하루의 여행을 마치고 넉넉한 저녁시간이 되면 여유 있게 즐길 수도 있다.

그러나 사막에서 단순함의 원리를 지키지 않는다면 여행은 느려지고 위험에 처할 수 있다. 생략하지 않고 욕심을 내면 여행의 속도는 점점 느려진다. 빨리 가고 싶어도 버리지 못해서 걸음이 느려지는 것이다. 다 챙기고는 갈 수 없는 곳이 사막이다. 지치지 않게 걸어가기 위해서는 짐을 가볍게 해야 한다.

노련한 사막의 여행자 모노도 때로는 이 단순함의 원칙을 지키지 않아서 어려움에 처하기도 했다. 모노는 실수를 했던 때를 이렇게 회상했다. "리비아사막 원정 때에 우리는 터무니없는 안락함을 누렸다. 물과 식량이 넘쳐났던 것이다. 식사는 한 번으로도 충분했을 텐데 두 번의 식사를 준비하느라 많은 시간을 허비하였다. 아침에 일어나서 출발하기 전까지 적어도 3시간은 소모했다."

우리의 삶에서 속도가 느려지고 있다면 단순함의 원칙을 재확인해 보아야 한다. 자신이 소유한 모든 가치들을 다시 생각해 보라. 불필요하다면 과감히 버려라. 버리면 존재가 가벼워진다. 참 단순해진다.

이처럼 단순함이란 존재의 본질만을 취하고 나머지는 생략하는 기술이다. 불필요한 것들은 내려놓고 가라. 불필요한 짐 때문에 시간을 지체하지 말라. 시간이 지체되면 위기는 점점 가까워진다. 짐을 가볍게 하고, 적당한 속도로 걸어가라.

☆ 언어를 단순화하라

사막을 삶의 터전으로 살아가는 유목민들의 생활은 매우 단순하다. 사막 유목민의 단순한 문화는 그들의 언어에도 많은 영향을 주었다. 사막 유목민들이 사용하는 언어는 그들의 삶의 양식만큼이나 단순하다.

　어떤 이들은 사막의 언어인 아랍어의 어휘가 빈곤하다고 평한다. 그들의 어휘가 다양하지 않다고 느껴지기 때문이다. 그러나 사막언어인 아랍어의 특징은 핵심으로 바로 이끄는 언어가 대부분이다. 그들에게는 다른 비대한 설명은 오히려 방해가 된다. 그들에게는 핵심적인 언어만 있으면 그것으로 충분하기에 단순하다. 많다는 것은 오히려 불편하다. 그렇다. 사막에서는 언어도 단순해져야 한다. 말도 꼭 필요한 핵심 단어만 사용하면 그뿐이다. 말이 많아지면 속도가 더뎌지고 결국 낙오하여 죽음을 맞을 수도 있다.

　사막을 건너고자 한다면 언어를 절제하라. 데오도로 모노는 아랍어의 특징을 이렇게 설명한다. "하나의 생각을 말하는 데 9개의 아랍어 단어가 필요하다면 그것을 프랑스어로 말하는 데에는 94개의 단어가 필요하다. 엄밀하게 필요한 것을 담고 떠난다는 것에 모든 의미가 포함되어 있는 것이다."

　몇 개의 단어에는 유목민들이 표현하고 싶은 모든 심오한 내용들이 다 들어 있다. 굳이 더 많은 단어를 사용할 이유가 없는 것이다. 말이 많아지면 더뎌지고 어려움을 자처하게 됨을 잘 알고 있는 까닭이다. 그래서 사막에서 언어는 간소화된다. 아니 꼭 그래야만 한다.

　유목민들이 사용하는 말의 표현이 단순하듯이 생활도 간소화하고 특히 생각도 필요한 것만을 담으면 그만이다. 사막에서는 철저히 생략하는 법을 배워야 한다.

모노는 말한다. "사막은 잡다한 생각을 버리고 강인해지도록 가르치는 학교다." 그렇다. 생각까지도 단순화시켜야 한다. 사막에서는 잡다한 생각을 버리지 않으면 부주의하게 되고 치명적 실수를 범하게 된다. 생각이 많다는 것이 위기를 불러들이는 원인이 된다. 복잡한 생각을 품고 있다면 빨리 정리하라. 사막은 생각을 단순하게 갖게 될 때까지 그것을 가르칠 것이다. 복잡하고 잡다한 생각을 버려라. 지금, 이 순간에만 집중하며 걸어가라.

☆ 다 버리고 본질만 남겨라

사막은 생각을 집약적으로 만든다. 사막 자체가 단순하기 때문에 사막을 걸어가는 사람도 사막이 만들어 내는 풍경 때문에 자신의 내면세계에까지 영향을 받게 된다. 사막의 모습이 생각 속에도 투영되는 것이다.

세계적인 산악인으로 사막여행에 도전했던 라인홀트 메스너(Reinhold Messner, 1944~)는 사막과 그것을 지나가는 대상들을 보고 이렇게 표현한 적이 있다. "사막에서는 하루하루가 똑같은 리듬으로 지나간다. 해가 뜬 직후 출발하는 대상 행렬은 열 시간 동안 모래언덕 꼭대기 사이의 고원 위를 이동한다." 사막에는 단순한 리듬만 있고 그 위를 걸어가는 사람들의 삶 또한 단순한 리듬을 탄다. 사람도 단순한 리듬을 타고 낙타도 단순한 리듬을 탄다.

메스너가 바라본 사막의 세계는 너무나 단조로웠다. 매일 사막의 리듬에 맞춰서 아침에 일찍 일어나 길을 떠나게 되면 이어지는 다음 스케줄은 단순했다. 동일하게 반복되는 단순한 일상생활은 그에게 텅 빈 느낌마저 주었다. 그러나 그는 사막의 단순한 생활에서 도시생활의 분주함과 부조리함을 깨닫기에 이른다. 도시문명에 비하면 사막은 너무도 조용하고 단조로운 곳이었다. 사막은 그에게 단순함이라는 삶의 본질을 가르쳐 주었다.

메스너에 의하면 사막은 한 인간이 죽음을 미리 맛볼 수 있는 곳이다. 사막은 죽음이 현실과 맞대어 있는 곳이다. 메스너는 사막을 건너면서 자신이 가지고 있는 온갖 의무들과 직책이 얼마나 불필요한 것인지를 깨달았다. 그가 맡고 있는 유럽의회 의원이라는 직책은 불필요하게 바쁜 사람으로 만들었다는 것을 알았다.

그의 이야기를 들어 보자. "나는 온갖 의무들에서 벗어나야 했다. 나는 항상 어딘가에 출석해야 하고, 언제나 연락 가능해야 하고, 어떤 질문에 대해서든 늘 답변이 준비되어 있어야 하는 그 모든 삶으로부터 떠나야 했다." 그는 항상 사람들과 연락 가능한 상태에 있어야 했고 언제든지 사람들의 눈을 의식해야 하는 자리에서 생활했다.

그러나 사막에서는 이 모든 것은 불필요했다. 삶의 의무보다 중요한 것을 발견하게 되었다. 그는 이렇게 깨달았다. "모래알들 사이에서 종종 들리는 것이라고는 바람소리뿐이다. 이것이 정적이다. 그런데도 광활한 사막은 숨을 쉬고 말을 하고 빛을 발한다. 무한성과 영원성에 대한 예감이 사막에서는 우리 자신의 제한성과 연약함과 만난다." 말하자면 사막의 광대함을 보며 영원성을 볼 수 있었고 동시에 자기 자신의 한계와 연약함을 보게 된 것이다. 자신은 곧 사라질 운명임을 사막에서 깊게 깨달았다.

메스너는 사막에서 꼭 필요한 자신의 본질과 만났다. 사막은 본연의 모습을 가르쳐 준다. 원래 인간이 갖춰야 할 삶의 근원적 모형을 제시해 준다. 제한된 삶을 사는 인간은 단순해질 필요가 있다. 아무것도 가질 수 없다는 것이 그의 결론이다. 우리는 너무 많은 것을 떠안고 살아간다.

그렇다면 이제 단순함을 따르라. 꼭 필요하지 않다면 과감히 생략하라. 메스너가 사막에서 배웠듯이 삶의 근원에 좀 더 다가서는 생활을 하라. 다 버리고 본질만 남겨라.

☆ 유르트(yurt)처럼 사는 집도 단순화하라

사막 생활의 단순한 원리는 삶 속에서도 그대로 적용될 수 있어야 한다. 단순함의 원리는 사람들이 생활하는 공간,

즉 건축의 영역에도 적용될 수 있어야 한다. 건축물을 짓는 데 있어서는 실용성도 중요하지만 무엇보다도 단순함의 철학으로 설계하는 것도 필요하다.

친환경적이면서도 짧은 시간 안에 해체와 복원이 가능한 건축물이 있다면 금상첨화라 하겠다. 이러한 단순함의 원리에 따른 건축물이 실제로 존재한다. 유목민들이 사용하고 있는 유르트(yurt)가 이러한 단순함의 원리에 충실한 건축물이라고 하겠다.

유르트는 말하자면 유목민들의 이동식 주거공간이다. 마치 텐트와 같지만 텐트보다는 훨씬 크고 튼튼하다. 유르트의 가장 큰 장점이라면 자연 친화적이라는 점이다. 다른 곳으로 옮기고 나면 그곳에 살았던 사람의 흔적은 감쪽같이 사라진다. 아무것도 남기지 않는 건축이 유르트인 것이다.

유르트는 원래 유목민들의 주거지로 사용되어 왔고 천으로 만들어진 이동식 가옥이다. 건축물의 가장 큰 특징으로 뿔기둥형의 지붕으로 중앙에 둥근 고리가 있어서 안쪽을 받쳐 주는 받침대가 필요 없다는 점이다. 따라서 여름에는 벽에 발을 쳐서 통풍을 좋게 하고, 겨울에는 돌이나 흙으로 진을 쳐 추위를 막아 준다.

이러한 유르트는 가축을 방목할 수 있는 목초지라면 어느 곳에나 설치 가능하고 이사할 때면 말이나 작은 마차로도 운반이 가능하다. 이처럼 주거와 이동에 있어서 너무도 단순하고도 간단하다고 하겠다.

유목민들은 건축에 있어서 집을 쉽게 허물 수 있도록 발전시켜 왔고 또한 쉽게 조립할 수 있게 개발해 왔다. 따라서 유르트는 한 곳에 머물지 않는 유목민의 생활 패턴이 고스란히 담겨져 있다.

유르트에서 생활을 하게 되면 생활 또한 자연스럽게 단순함을 따르게 된다. 일단은 많은 것을 집 안으로 끌어들일 수가 없다. 가능하면 많은 것을 버려야 하는 것이 유르트의 건축구조다. 오늘은 이곳에서 생활하지만 내일은 저곳으로 떠나야 하는 것이 유르트의 삶이다. 움직일 때 짐이 많으면 비효율적이다. 유르트 생활은 불필요한 짐은 과감하게 버리게 된다.

우리들도 유르트의 주거 방식을 배울 수만 있다면 단순한 삶의 미학을 간직할 수 있을 것이다. 필요한 것만을 담고 생략하는 법을 배우게 될 것이다.

유목민들의 유르트 생활을 통해서 소박한 건축과 단순함에 대해서 우리 자신을 돌이켜 보게 된다. 산다는 것은 복잡하지 않다. 단순하게 생활해도 얼마든지 행복해질 수 있다.

두 번째 원리, 불평을 삼가라

이제 사막을 건너는 두 번째 원리를 배워야 한다. 사막을 건너는 두 번째 원리는 불평을 삼가라는 것이다. 사막에서는 어떤 말도 줄여야 한다. 쓸데없는 말은 하지 않는 것이 좋다. 특별히 불평을 삼가야 한다. 테오도로 모노에 의하면 "사하라 사막은 우리에게 쓸데없이 말하거나 불평하지 말라고 가르친다. 불필요한 말은 우리에게 독이 된다."고 가르쳐 준다.

지나친 말과 불평은 우리에게는 독이 된다. 쏘는 전갈같이 우리 영혼에 독을 주입시키는 것과 같다. 독이 주입되는 순간부터 몸은 더 이상 말을 듣지 않는다. 자신이 원하는 대로 손이 움직이질 않는다. 손이 떨려 온다. 얼굴에는 땀이 비 오듯 하기 시작한다. 결국에는 생각마저 통제 불가능하게 만든다.

이와 같이 불평은 독침과 같아서 우리의 영혼을 마비시킨다. 따라서 가능하면 불평이라는 독을 멀리해야 한다.

윌리엄 랑게비셰(William Langewiesche)는 사하라 사막을 횡단하면서 작은 모래에 대해서 많은 불평을 해야만 했다. 그는 처음 모래사막을 접하면서 모래가 얼마나 성가신 존재인지를 알게 되었다. 하지만 다행스럽게도 시간이 흐르면서 사막 모래의 의미를 배우게 되었다.

사막을 처음 접하는 사람들에게 모래라는 것은 쓸모없는 것이고 귀찮은 존재일 뿐이다. 사막에서 모래바람을 만나게 되면 그 두려움은 배가 되기도 한다. 이처럼 모래는 일반인들에게는 불평의 상징이 되기 쉽다. 어느 누구도 모래를 반갑게 대하지 않기 때문이다.

그런데 이곳 사막에서 살아가는 농부들은 모래를 다스리는 법을 배우며 생활한다. 사막의 농부들은 쓸모없어 보이는 모래를 적극적으로 활용한다. 그들은 모래를 버리거나 혐오하지 않고 오히려 모래를 지혜롭게 이용한다.

예를 들면, 모래를 삽으로 떠서 집으로 가져간다. 그리고는 바닥에 두툼하게 깐 모래 위에 손수 짠 양탄자를 덮어서 푹신한 잠자리를 만든다. 그들은 모래를 집 안에 끌어들임으로써 불청객 같은 모래의 침입을 삶의 파트너로 포용하며 살아간다.

이렇게 윌리엄 랑게비셰는 말한다. "모래 때문에 빵이 껄끄럽다고요? 그냥 씹어 드세요." 이렇게 모래 묻은 빵은 사하라 인들에게 인내라는 덕목을 가르쳐 준다고 믿고 생활한다는 것이다.

사막의 농부들은 심지어 모래 속에서 기도를 올리고, 모래로 몸을 정갈하게 씻는다. 모래와 바람이 자신들의 몸과 영혼을 끊임없이 씻어 준다고 믿기 때문이다.

사막의 농부들은 일생토록 불만족한 상황 속에서 얼마든지 불평 대신 불만족스러운 상황들을 온전히 껴안고 생활하는 것이다.

불평의 언어를 버려라. 불평의 상황들을 궁극적으로 받아들이고 활용해 보라. 분명 삶이 달라질 것이다. 만약 상황을 바꿀 수 없다면 자신의 생각을 바꿔야 한다. 적극적이면서도 긍정적으로 생각을 바꿔야 한다.

☆ 불평대신 즐겁게 일하라

영국의 한 길모퉁이에서 열심히 구두를 닦는 소년이 있었다. 아침 일찍부터 밤늦게까지 소년은 지나가는 사람들의 구두를 닦으면서도 얼굴에는 웃음을 잃지 않았다 흥얼거리며 노래가 종일 끊이지 않는 소년에게 사람들이 물었다. "구두 닦는 일이 뭐가 그리 좋으니?" 소년은 웃으며 대답했다. "즐겁고말고요. 저는 지금 구두를 닦고 있는 것이 아니라, 희망을 닦고 있거든요"

이 소년이 누구인지 아는가? 바로 소설 '올리버 트위스트'와 '두 도시 이야기'를 쓴 세계적인 작가 찰스 디킨스 (Charles John Huffam Dickens, 1812~1870)이다. 디킨스는 비록 어려운 구두닦이 일을 하면서 성장했지만 자신의 일을 즐기면서 했다. 어린 소년 디킨스처럼 자신이 하고 있는 일에 대해서 불평을 쏟아 내는 대신 긍정의 눈으로 바라본다면 새로운 기회의 문들이 열리는 것을 보게 될 것이다. 불평 대신 삶을 긍정적으로 보려고 노력하라.

세 번째 원리, 고요함과 만나라

사막을 건너는 세 번째 원리는 고요함과 만나는 것이다. 사막은 정적이 감도는 고요한 곳이다. 하지만 사막을 건너는 사람의 마음은 소란스럽기만 하다. 온갖 소리들이 내면에서 들려온다. 내면은 오히려 소음으로 가득하다. 이때 사람은 밖에 있는 사막의 고요함과 마주하는 것이 중요하다.

라인홀트 메스너는 이렇게 말했다. "사막은 산과 마찬가지로 인간의 정신을 깨끗하게 정화시켜 준다." 그렇다. 사막의 고요함에는 내면을 정갈하게 정화시켜 주는 무엇이 있다. 만약 당신이 사막을 건너고 있거든 먼저 태초의 고요함과 만나라.

당신이 고요함 속으로 들어가게 된다면 무한함의 신비와 만나게 될 것이다. 고요 속에 깃들인 무한함에는 병든 사람의 마음을 고치는 힘이 있다. 사람이 살다 보면 흔들릴 때가 있다. 흔들리면 시끄러워진다. 요란스러워진다. 이렇게 흔들릴 때에는 고요함 속에서 견뎌 보라. 고요함 속에서 견딜 수만 있다면 결코 흔들리지 않을 것이다.

물이 가득 찬 호수는 고요하다. 바람이 불면 물결만 일렁일 뿐 호수의 내면은 고요하다. 바람은 호수의 아래, 심연을 건드리지는 못한다. 고요함이란 이렇게 심연을 간직한 호수와도 같다. 중심이 깊으면 영혼은 흔들리지 않는 법이다.

'충만한 삶'의 작가 알린 번스타인(Arlene Burnstein)은 첫 아들을 미숙아로 낳았다. 미숙아로 태어난 첫째 아이는 19일 만에 세상을 떠났다. 둘째 아이는 선천성 심장 이상으로 태어나 1년 만에 하늘나라로 떠나보내야 하는 슬픔을 겪어야만 했다. 그 후 입양한 제이슨마저 신체 이상으로 정상적인 양육을 할 수 없게 되었다. 불행의 연속이었다. 이유를 알 수 없었다. 그 누구도 불행의 이유를 설명해 줄 수 없었다.

이후 그녀는 한없는 고통과 상실감에 빠지게 된다. 그때 그녀는 캘리포니아 주 중서부의 나파 밸리에 자리 잡은 텃밭으로 들어가 포도밭을 가꾸며 생활을 시작한다. 이때부터 그녀에게 농장의 대지는 수도원이 되었다. 채소밭과 포도원은 그녀에게 가르침을 주는 자연의 스승이었다. 그녀는 그곳에서 하나씩 삶의 이유를 깨달아 갔다.

마운트 비더 농장의 대지는 나의 수도원이었고 채소밭과 포도원은 나의 영적 스승이었다. 개미와 지렁이가 존재의 감사함을 느끼게 해 주었고, 퇴비 더미 속에서 무심히 싹을 틔워 올린 토마토 줄기에서 소중한 생명력을 느꼈다. 그들은 내게 침묵과 고요함의 힘을 믿으라고 가르쳤다. 내면의 평화에 닿는 소중한 끈은 내 운명을 인정하고 어떻게든 부정하려는 마음을 내려놓을 때 비로소 생겨난다는 것을 그것들은 몸소 이루어 보였다. 마음을 내려놓고 겸허하게 운명을 받아들이고 인정하는 것, 결국 마음의 평화에 닿는 그 간단하고도 어려운 것을 자연은 끝내 내게 가능하게 해 주었다. - 알린 번스타인, 충만한 삶 중에서 -

그녀는 자연이 가르쳐 준 고요함 속에서 삶의 의미들을 배울 수 있었다. 고요함 속에서 평화와 겸허함 그리고 운명을 받아들인다는 것이 무엇인지를 배웠다. "나는 다시 한 번 되풀이해서 같은 교훈을 얻는다. 중요한 것은 환경이 아니라 내 태도임을, 먼저 떠나보내는 일은 받아들임을 위한 필수조건임을."

그녀의 자녀들을 떠나보내야 했던 상처는 고요함 속에서 서서히 아물어 갔다. 가슴깊이 새겨진 아픔도 하나씩 보듬을 수 있게 되었다. 자연 속에 머물며 고요히 생활을 했을 때 자연은 그녀에게 고요함의 힘으로 끝내 고통과 삶의 의미를 온전히 포용할 수 있는 능력을 선사해 주었다. 그녀는 결국 자신의 불행을 온전히 극복할 수 있었던 것이다.

보라. 자연 속에서 성장해 가는 대나무 숲을 보라. 대나무 숲에 불어오는 바람이 대나무를 자꾸 흔들어 댄다. 대숲이 소리 내어 운다. 바람은 계속해서 대나무를 건드린다.

하지만 대나무는 부는 바람에 몸을 맡기고 잠시 흔들리

지만 언제나 자기의 본성대로 중심으로 되돌아와 당당하고
도 꿋꿋하게 선다. 흔들리되 다시 중심을 잡는다.

이처럼 대나무는 속이 비어 있어 흔들리기도 하지만 속
이 비어 있음으로 인해서 중심 자리로 되돌아온다.

대나무의 빈속은 고요함을 간직한 자리다. 대나무처럼
자기 몸 안에 빈 부분, 고요한 부분을 간직하라. 대나무처
럼 고요함을 간직하라. 다시 중심의 자리로 되돌아올 것이
다. 흔들리는 것을 두려워 마라. 흔들림은 잠시일 뿐이다.
고요함이 있다면 언제든지 균형은 다시 잡을 수 있다.

네 번째 원리, 지금 누리고 있는 자유를 관리하라

사막을 건너는 네 번째 원리는 지금의 자유로운 시간을
낭비하지 않고 잘 관리하는 것이다. 사막에서 각자에게 주
어진 시간은 거의 무한대의 시간이며 자유다. 사막에서는
무한대의 자유가 보장된다. 그 누구도 자기 자신의 자유에
끼어들지 않는다. 자유는 여기저기 펼쳐져 있다. 맛을 볼
수도 있고 내팽개칠 수도 있다.

그러나 사막에서의 자유는 절제를 필요로 한다. 자유를
절제하지 않으면 무한한 자유가 자신을 죽음으로 몰아갈
수도 있기 때문이다. 자유는 무제한이지만 죽음이라는 이름

도 쌍둥이처럼 따라 다닌다. 내 마음대로 자유와 시간을 사용할 수 있다고 착각하게 된다면 중대한 실수를 하게 되는 것이다. 시간과 자유는 특정한 목적을 위해서 주어진 시간임을 기억해야 한다. 무제한의 자유는 오히려 재앙으로 작용하기 마련이다.

따라서 사막을 건너는 지혜로운 방법은 지금의 자유를 제한하고 한정시키는 데 있다. 자기 자신의 자유를 제한하는 것은 지혜로운 선택이다.

스코틀랜드 출신의 알렉산더 셀커크(Alexander Selkirk)라는 선원은 스페인 화물을 싣고 남미와 스페인을 항해하는 배에 타고 있었다. 1704년에 셀커크는 선장과 말다툼을 벌이다가 배에서 쫓겨났다. 그는 칠레 해안에서 약 400마일 떨어진 남태평양의 무인도에 상륙했다. 배는 그냥 떠나 버렸고 홀로 남겨진 셀커크는 혼자서 의식주를 해결해야만 했다.

그가 무인도에서 생활한 기간은 1704년 9월에서 1709년 2월까지 약 4년 동안을 홀로 생활하게 된다. 그 후 이 섬의 근처를 항해하던 배에 의해 극적으로 구출되어서 천신만고 끝에 1711년에 영국으로 돌아올 수 있었다.

이 실화를 바탕으로 다니엘 디포(Daniel Defoe, 1660∼1731)는 이야기를 소설로 각색해서 써 내려갔다. 이 책이 바로 유명한 '로빈슨 크루소(Robinson Crusoe)'다.

소설 속에서 묘사된 로빈슨 크루소의 모습은 무인도에

표류한 뒤 곡식재배와 가축 사육까지 하며 살다가 28년 만에 고향으로 돌아오게 된다. 그렇다면 과연 로빈슨 크루소는 무인도에서의 삶이 행복했을까? 어려서 읽었던 로빈슨 크루소는 필자의 기억에 오래도록 남아 있다. 한때 필자 자신도 로빈슨 크루소처럼 무인도에서 혼자서 생활한다면 돌아올 수 있을까 하며 상상을 하곤 했다.

성인이 된 지금 필자는 로빈슨 크루소가 된다면 어떤 마음이었을까 하고 다시 자문해 본다. 나는 행복할 수 있을까? 그는 과연 행복했을까? 내가 과연 그와 같은 상황에 처해진다면 행복할까?

무인도에서의 로빈슨 크루소에게 주어진 것은 무한한 시간과 자유였다. 늦잠을 자도 깨울 사람도 없다. 무엇을 먹어도 좋다. 하루 종일 놀아도 좋다. 수영을 종일토록 해도 말릴 사람이 없다. 무슨 말이든 무슨 불평을 늘어놓든지 상관이 없다. 노래를 해도 좋다. 혼자서 달리기를 해도 된다. 그 무엇이든지 가능하다. 그렇다면 과연 그의 삶이 행복했을까? 추측건대 만족할 만한 삶은 결코 아니었을 것이다.

로빈슨 크루소에게는 무인도 생활은 타인이 존재하지 않는다는 현실이 가장 견디기 힘든 고독이었을 것이다. 그는 무인도에서 흑인 노예 프라이데이(Friday)를 만나기까지 홀로 지낸다.

홀로 지내는 삶, 무한한 자유는 그에게는 보이지 않는

감옥과도 같았다. 이웃이 없다는 사실은 정말 감옥이다. 혼자서만 살아가야 할 세상은 아무리 넓어도 전체가 감옥일 수밖에 없다.

인간은 사회적 동물이다. 이웃이 없는 세상에서 혼자서만 살아가는 삶은 괴로움이며 고통이다. 사람에게는 타인과 이웃이 반드시 필요하다. 사람이 독처하는 것은 좋지 않다.

로빈스 크루소에게서 볼 수 있듯이 사람에게 무한한 시간이 주어졌다는 것은 결코 행복한 사항이 아니다. 사람은 무한을 시간에 일정하게 제한해야만 한다. 그는 무인도에서 시간을 관리하는 자신만의 규칙이 필요하다는 사실을 깨닫게 된다. 따라서 나름대로 시간의 흐름을 계산하기 위해서 달력을 만들기에 이른다.

섬에 도착하고 10일쯤 지났을 때, 필기도구를 갖고 있지 않았기 때문에 시간의 경과를 알 수 없어서 노동일과 안식일의 구별조차 못하게 되지 않나 하는 걱정이 생겼다. 그래서 이런 일을 방지하려고 커다란 나무 기둥에 주머니칼로 크게 "나는 1659년 9월 30일 이곳에 상륙했다"고 새기고, 그 나무 기둥으로 커다란 십자가를 만들어 첫발을 디딘 해변에 세웠다. 이 나무 기둥의 옆면에다 매일 V자형의 눈금을 새기고 7일째 되는 눈금에는 나날의 눈금보다 두 배로 길게, 달의 처음 눈금은 다시 주의 눈금보다 두 배로 길게 새겨 두었다. 이런 식으로 달력, 즉 시간의 흐름을 요일, 달, 해에 맞추어 기록했던 것이다. ─로빈슨 크루소 중에서─

그는 규칙적인 시간을 기록하는 일을 시작했다. 무한한 시간은 재앙이 될 수 있다는 것을 로빈슨 크루소는 깨달았던 것이다.

이렇게 사람이 살아가는 일에는 일정한 질서와 규칙이 있어야 한다. 무한한 자유, 무한한 시간은 오히려 사람에게 고통을 더해 줄 뿐이다.

무한한 시간에 질서와 규칙을 넣을 때에만 긴장감이 생기고 행복감이 생기는 법이다. 그렇다. 만약 행복하려거든 당신의 자유와 시간을 적극적으로 제한하라. 그 길이 행복의 지름길이요 사람의 길이다.

☆ 한계를 설정하라

필자는 무한한 자유에 일정한 선을 그어 주는 것을 '규칙' 또는 '질서'라고 부르고자 한다. 무한하고 방대한 자유에 한계의 선을 그어 주지 않으면 인간은 즐거움보다는 '고통'을 느끼게 된다. 이것은 피할 수 없는 자연이 우리에게 준 필연의 법칙이다.

무한한 자유에는 반드시 고통이 따르도록 되어 있다. 무한한 자유에는 '고통'이 함께 동반된다. 자유와 고통은 떼려야 뗄 수 없는 그림자 같은 존재들이다.

인간은 본능적으로 무한한 자유에서 자꾸 도피하려고 갈

망하게 되는데 이것을 에리히 프롬(Erich Pinchas Fromm, 1900~1980)은 '자유로부터의 도피'라고 불렀다. 인간은 무한한 자유를 동경하면서도 자유가 주어지면 그 자유로부터 도피하려고 한다는 것이다. 왜냐면 자유에는 수많은 판단과 결정, 그리고 스스로의 책임이 필요한 까닭이다. 인간은 자신의 자유를 관리하는 모든 과정에서 스트레스를 받게 된다. 이때부터 점점 자유에 동반되는 선택이나 책임을 자꾸 피하려는 성향을 보이게 되는 것이다.

이러한 이유로 인간은 무한한 자유보다는 이미 주어지고 짜인 '한계'나 질서 안에 있을 때 편안함을 느끼게 된다는 것이다. 에리히 프롬은 이렇게 말했다. "그는 자유롭지만 고독하며 또한 무력하여 그 무엇인가를 두려워하게 된다. 새로 얻어지는 자유는 하나의 재앙이 된다."

그렇다. 사람이 얻은 자유는 재앙이 될 수도 있다. 자유가 재앙이 되게 하지 않으려면 자유를 지혜롭게 관리할 줄 알아야 한다. 자유를 지혜롭게 관리하는 방법은 자유를 스스로 제한하는 것이다. 자유를 스스로 '제한'하지 않으면 행복감보다는 고통을 느끼게 될 확률이 더 높아지기 때문이다.

따라서 질서를 만든다는 것은 규범과 한계를 정하는 행위다. 무엇을 허용하고 무엇을 금지할 것이며 얼마큼 일하고 얼마큼 쉴 것인지 한계를 정해 주는 행위다. 이렇게 한계를 정해 주는 행위는 무한한 자유가 필연적으로 내포하고 있는 '괴로움'을 줄여 주는 꼭 필요한 기술이라고 하겠다.

가톨릭 신부이자 영성신학자인 토마스 머튼(Thomas Merton, 1915~1968)은 규칙과 질서에 대해서 이런 언급을 한 적이 있다. "즐겁게 살되 아무렇게나 살지는 마시오." 그렇다. 짧은 말이지만 심오한 의미가 있다. 즐겁게 살되 아무렇게나 살지는 말아야 한다. 자유를 누리되 아무렇게나 자유를 누려서는 안 된다. 자유에는 규칙이 필요하다는 것을 알아야 한다. 이것이 사막을 건너는 삶의 원리이다.

즐겁게 살되 아무렇게나 무절제하게 살지 마라. 무한한 자유의 즐거움을 누리되 질서 안에서 자유를 스스로 제한하는 즐거움도 알아야 한다. 이 즐거움은 오래도록 지속될 것이다.

☆ 자유로우면서도 균형 잡힌 삶을 살아라. 헬렌 스콧 니어링 부부

당신에게 주어진 삶의 자유를 잘 관리하도록 하라. 자유를 관리하는 것은 잘 사는 비결이다. 그렇다면 어떻게 우리에게 주어진 자유를 잘 관리할 수 있을까? 자유를 잘 관리한다는 것은 어떤 모습일까?

자유로우면서도 균형 잡히고 질서 있는 삶을 살다 간 예를 어디에서 발견할 수 있을까? 필자는 이 모델을 헬렌, 스콧 니어링(Scott Nearing, 1883~1983)부부의 삶을 통해서 발견할 수 있다.

헬렌, 스콧 니어링 부부가 살았던 1930년대는 대공황이 전 세계를 뒤덮었던 때였다. 직장에서 일하는 근로자들은 줄줄이 해고됐고, 남아 있는 직장인들은 격무에 시달리면서도 나날이 불안했다. 이때 큰 결단을 내린 부부가 있었다. 헬렌, 스콧 니어링 부부였다. 그들은 노동하는 삶을 살면서도 잉여가 생겨 착취하는 일이 없도록, 필요한 만큼만 노동하고 나머지는 창의적인 일을 하는 일종의 대안 경제를 찾아 실천하는 삶을 살기로 결심한다. 결코 쉽지 않았지만 부부는 과감하게 실험적인 삶에 동참하기에 이른다. 이들 부부의 말을 들어 보자.

> 문제를 해결할 수 있는 가장 좋은 방법은 처음에 돈을 아주 조금만 준비해도 되고, 그 뒤로도 적은 돈으로 잘 꾸려 갈 수 있는 독립된 경제라고 생각했다. 노동 시간을 반으로 줄이고, 대신 조화로운 삶을 얻을 수 있는 방법이었다. 나머지 절반의 시간에는 연구를 하거나 책 읽기, 글쓰기, 대화를 할 수 있으니까.
> 헬렌, 스콧 니어링. -조화로운 삶 중에서-

두 부부는 분주함과 복잡함, 혼란스러운 삶에서 벗어나 단순하고도 자유로운 삶을 추구하고자 뉴욕을 떠나서 버몬트 산골짜기로 들어갔다. 그들은 먹을 것을 손수 만들었고,

집을 직접 지었다. 돈이 들지 않는 생활을 시작한 것이다.

이렇게 헬렌 스콧 부부가 뉴욕을 떠날 수밖에 없었던 이유 중에는 자신들의 포기할 수 없는 신념이 있었다. 그는 이렇게 말한다. "우리의 평화주의, 채식주의, 집산주의를 원칙에서나 실제로나 거부하는 사회에서는 떠날 수밖에 없었다." 그들은 평화주의, 채식주의자의 원칙을 지키려면 도시에서는 도저히 불가능하다고 느꼈던 것이다. 또한 도시 생활 그 자체가 가지고 있는 탐욕스러움에서 벗어나고자 했던 것이다.

헬렌 스콧 부부는 다시 이렇게 말한다. "우리는 사람의 탐욕으로 움직여 가며, 남을 착취하여 얻은 모든 것을 자기 것으로 만들고 부를 쌓으려고 만드는 이런 사회 구조를 인정할 수 없었다. 실제로도 그런 사회의 미래는 영 가망 없어 보였다."

이러한 이유로 헬렌 스콧 부부는 대도시가 만들어 내는 폐해를 줄이는 대안을 찾아 나선 것이다. 그들은 참자유와 해방의 삶을 몸으로 누리며 생활하길 원했다. 두 사람은 현대 도시 생활이 주는 착취로부터 벗어나 이상적인 자유를 실천하고자 했다.

헬렌 스콧 부부가 산골로 들어간 후로는 자신들의 꿈꾸던 이상적인 생활과 가까운 삶을 살기 시작했다. 그들은 꼭 필요한 만큼의 노동과 경제적 독립이라는 두 마리 토끼를 현실적인 생활에 조화롭게 성취해 나갔다. 부부는 하루 4시간만 일했고, 4시간은 책을 읽었으며 나머지 시간에는 음악을 듣고, 마을 사람들과 악기를 익혀 음악회를 열기도 했다. 이러한 삶에 관하여 헬렌 스콧 부부의 다음 이야기를 들어 보자.

> 날마다, 달마다, 해마다 많은 부분을 자유 시간으로 갖는 것이었다. 단지 먹고 사는 일에서 벗어나 우리가 진정으로 바라는 일에 몰두하고, 이웃들과도 결실이 있는 진정한 관계를 맺게 되기를 바라고 있었다. 그리고 홀로 또는 집단의 한 사람으로 사회를 개선하는 일에 열정을 쏟을 수 있기를 꿈꾸었다.
>
> 일요일이 되면 평소와는 달리 먹고살기 위한 아무 노동도 하지 않고 아무 계획도 없이 하루를 보냈다. 일요일 아침에는 대개 음악을 감상했다. 그리고 저녁에는 종종 함께 모여 토론을 벌였다. 누군가 소리 내어 책을 읽기도 했는데 그러는 동안 다른 사람들은 나무 열매를 쪼개거나 콩 껍질을 벗겼으며, 바느질이나 뜨개질 같은 자질구레한 일을 하기도 했다. - 헬렌·스콧 니어링, 조화로운 삶 중에서 -

이렇게 헬렌·스콧 부부는 자유로운 삶을 조화롭게 유지하기 위해서 세심한 부분까지 실천에 옮겼다. 그들의 집에서는 동물들을 기르지 않았던 것이다. 동물들 특히, 소, 염소, 개, 고양이를 기른다는 것은 농부와 짐승을 똑같이 옭아매는 구속과 의존 상태로 몰고 간다고 보았다.

'노예를 두고 있는 사람은 누구도 자유롭지 않다'라는 속담처럼 '동물들을 기르는 사람은 누구도 자유로울 수 없다'고 생각했던 것이다. 실제적인 생각이다. 사람이 동물들을 기르면 자유로울 수 없다. 하루 동안 집을 온전히 비울 수조차 없게 된다. 때가 되면 동물들에게 먹이를 줘야 하기 때문이다. 주인은 동물들에게 묶이게 된다.

따라서 헬렌·스콧 부부는 사람이 동물들에 노예가 되고 동물도 사람에게 노예가 되는 것을 원천부터 차단하는 방법으로 그들은 동물을 기르지 않았다. 철저히 삶을 단순화시켰다. 단순화시키지 않으면 자유를 잃는다는 원리를 잘 알고 있었던 까닭이었다.

헬렌은 이렇게 말한다. "가장 조화로운 삶은 이론과 실천이, 생각과 행동이 하나가 되는 삶이다." 그렇다. 자유로운 삶을 살고자 생각한다면 이들 부부처럼 실천을 옮길 용기가 필요하다. 그리고 진정 자유로운 삶을 살려거든 이들처럼 자유를 스스로 관리해야 하는 법을 배워야 한다. 자유를 관리하는 지혜로운 사람은 더 많은 자유를 누릴 수 있게 될 것이기 때문이다.

다섯 번째 원리, 낙타처럼 되새김질하며 걸어가라

사막을 건너는 다섯 번째 원리는 낙타에게서 절제하는

방법을 배우는 것이다. 낙타는 사막이라는 바다를 항해하는 배다. 때문에 사막을 건너기 위해서는 낙타만이 가지고 있는 낙타의 보이지 않는 법칙을 택할 수 있어야 하겠다.

단언컨대 낙타처럼 '절제'할 수 있는 능력만이 우리를 구해 낼 수 있다. 사막에서는 사막 생활의 규칙들을 지켜야 한다. 사막이 요구하는 하나의 규칙이 있다면 그것은 바로 절제다. 절제할 수 있는 능력만이 사막에서 우리가 살아남을 수 있는 유일한 방법이다.

절제의 반대말은 음탕함이다. 음탕한 생명들은 사막을 건널 수는 없다. 음탕한 삶은 무절제로 인해서 판단이 흐려지기 마련이고 이윽고 방탕함으로 인해서 방종은 절정에 이른다. 이렇듯 음탕한 삶에는 규칙이나 질서가 깃들일 수 없다. 절제가 사라지면 마음이 흐려진다. 마음이 흐려지면 몸을 아끼지 못하게 된다. 결국 몸과 마음은 모두 상하게 되고 오래가지 못하여 병들게 되는 것이다.

낙타도 처음부터 유능한 사막의 항해자가 되는 것은 결코 아니다. 사막을 여행하는 주인과의 관계가 설정되면서부터 낙타는 유능한 절제의 항해자가 되는 것이다.

처음 낙타를 만나면 안다. 낙타는 결코 인간에게 고분고분하는 동물이 아니다. 낙타는 고집이 무척 세다. 낯선 사람에게는 뒷발질을 해 댄다. 낙타의 뒷발질에 얻어맞으면 심각한 부상을 당할 수도 있다.

야생 낙타는 이렇듯 고집이 세지만 어렵게 새 주인과 한 번 사귀게 되면 주인을 위해 모든 것을 희생하고 자기 목숨까지 던지는 동물이다. 훈련된 낙타는 사막에서 주인을 구할 수 있는 유일한 동물이자 친구가 되는 것이다.

낙타에게 이러한 절제의 힘은 되새김질에서 나온다. 낙타는 되새김질을 하며 사막을 걸어간다. 험한 사막을 걸어가면서 천천히 되새김을 한다. 낙타는 자신이 먹은 음식만으로 만족하며 씹고 다시 씹는다. 적으면 적은 대로 많이 먹었으면 많은 대로 제대로 씹어서 모두 소화해 낸다.

마치 수도자가 내면의 생각들을 꺼내어 천천히 들여다보듯이 자신에게 떠오르는 생각들을 영혼의 양식으로 삼는다. 천천히 다시 씹으며 생각하고 한걸음씩 걸어간다.

낙타는 자신에게 없는 것을 부러워하지 않는다. 자기에게 있는 것만으로 만족하며 곱씹는다. 자기에게 떠오르는 생각만을 영혼의 양식으로 삼는 것이다.

이처럼 낙타는 스스로 깊게 생각하며 걸어가되 힘을 비축하고 에너지를 헛되이 사용하지 않는 동물이다. 낙타는 보기에는 엉성해 보여도 엄격하게 자신을 통제하며 걸어간다.

따라서 낙타는 사막이라는 척박한 환경을 살아가는 절제의 수도자라 하겠다.

물 없는 사막의 혹독함은 낙타를 구도자로 만들어 놓았다. 언제나 물을 그리워하며 살아야만 하는 것이 낙타의 운명이었기에 물을 평생 그리워하는 구도자가 되었다. 하지만 사막의 타는 갈증은 낙타의 등에 혹을 만들어 주었다. 낙타는 등에 진 혹에서 샘물을 마신다. 낙타의 몸 밖에는 샘물이 없다. 오직 자기 안에만 샘물이 있을 뿐이다. 스스로의 내면에 간직한 샘물 때문에 낙타는 걸어갈 수 있다.

사막에서는 많은 생명들이 물이 없어서 죽어 가지만 낙타는 자신의 우물에서 깊은 샘물을 퍼 올리며 갈증을 해갈한다.

이렇게 낙타의 몸 안에는 샘물이 있다. 자기 깊은 곳에 내리는 두레박도 있다. 스스로의 우물에서 물을 길어 내는 것이다. 우리도 낙타처럼 자신의 몸 안에 우물 하나가 있어야 하겠다. 갈증을 식힐 우물물이 있어야 하겠다.

사막을 건너는 사람들은 낙타에게서 절제의 방법을 배워야 한다. 절제하며 걸어가다 보면 우리도 낙타처럼 사막을 무사히 통과할 수 있을 것이다.

여섯 번째 원리, 몰입의 원리를 배워라

막막한 사막을 건널 수 있는 여섯 번째 원리는 몰입의 원리를 지키는 것이다. 뜨거운 사막의 열기 속에서 완주할 수 있도록 도와주는 것은 몰입의 기술이다. 몰입은 악조건

속에서도 자신을 잊게 만들고 고통스러운 상황에서도 창의적으로 견디게 해 주는 마음의 기술이다.

뜨거운 태양 아래에서 사막에 대해서 불평하면 할수록 힘은 빠지게 된다. 이때 필요한 것이 사막에 관한 불평이 아니라 상황에 몰입하는 몰입의 기술이다.

심리학자 미하이 칙센트미하이(Mihaly Csikszentmihalyi)에 의하면 몰입은 행복을 가르쳐 주는 기술이라고 하겠다. 그에 의하면 행복은 외부에 있는 상황이나 사건에 달려 있지 않다. 오히려 행복은 주변에서 일어나는 사건이나 상황을 어떻게 해석, 처리하느냐에 따라 주어진다. 비록 외적인 조건들이 험악하고 재난수준의 상황일지라도 몰입의 기술을 사용한다면 재난도 얼마든지 달라질 수 있는 것이다.

몰입을 보통 플로우(flow)라고 부른다. 미하이 칙센트미하이에 의하면 "플로우란 사람들이 다른 어떤 일에도 관심이 없을 정도로 지금 하고 있는 일에 푹 빠져 있는 상태"를 말한다. 사람은 좋아하는 일에 몰두하면 시간이 어떻게 가는지 잊게 된다.

필자도 어려서 친구들과 딱지치기를 하거나 연을 날리고 있노라면 시간이 가는 줄 몰랐다. 한겨울 미끄럼 타기에 빠지게 되면 밥 먹는 것도 잊었다. 이와 같이 사람은 하고 있는 그 일이 즐거우면 자신을 잊게 되는 무아지경에 이르게 된다.

아무리 어려운 조건 속에서도 몰입할 수만 있다면 그는 행복한 사람이 될 수 있다. 행복은 어떤 상황 속에서도 자신이 하는 일에 대해서 이 순간, 온전히 몰입하고 있을 때 찾아온다.

미하이 칙센트미하이는 '몰입'의 좋은 예를 러시아의 작가 솔제니친(Aleksandr Isayevich Solzhenitsyn, 1918~2008)에게서 그 사례를 소개하고 있다.

> 알렉산더 솔제니친에 따르면 감옥에 있을 때, 한 동료 수감자는 감방 바닥에 세계 지도를 그리고 매일 몇 km씩 걸어가는 상상을 하며 아시아와 유럽, 미국까지 여행을 했었다고 한다. 솔제니친은 가장 수치심을 불러일으킬 수 있는 상황도 어떻게 플로우 경험으로 전환시킬 수 있는지를 매우 잘 설명해 주고 있다.
>
> "총을 들고 있는 교도관들이 윽박지르는 소리를 들으며 풀이 죽은 죄수들 사이에 서 있을 때도 내 머리에는 시와 이미지가 물밀듯 떠오르는 것 같았다. 그 순간 나는 자유였고 행복한 사람이었다. 어떤 죄수들은 가시철조망을 끊고 탈출을 시도했지만 나에게는 어떤 철조망도 없었다. 나를 포함한 죄수들 모두는 고스란히 감옥 안에 있었지만 사실 나는 그곳으로부터 먼 비행을 하고 있었던 것이다." -미하이 칙센트미하이, 플로우 중에서-

솔제니친의 경험에서 볼 수 있듯이 아무리 혹독한 환경일지라도 환경을 탓하기보다는 오히려 긍정적 몰입을 한다면 상황을 스스로 컨트롤할 수 있다. 이처럼 제아무리 혹독한 환경에서도 긍정적 몰입의 기술은 전혀 다른 세계에서 사는 것처럼 사람을 서로 돕고 또한 견딜 수 있도록 도와준다.

만약 매일의 일상 속에서도 지속적으로 몰입하게 된다면 자신이 매일 몰입하던 대로 현실로 점차 나타나기도 한다. 그 대표적인 예가 바로 큰 바위얼굴이다.

우리가 알고 있듯이 큰 바위 얼굴의 어니스트라는 소년은 바위에 새겨진 형상의 큰 인물이 마을에 나타날 것이라는 이야기를 듣고 자란다. 마을 사람들도 큰 바위 얼굴이 어떤 사람일지 궁금해하지만 결국은 매일 큰 바위 얼굴을 바라보며 생각에 잠겼던 이 소년 자신이 바로 전설의 주인공으로 나타나게 된다.

이처럼 자신이 꿈꾸던 상황이 현실로 변해 간다는 이야기는 여전히 신빙성 있는 이야기다. 우리가 어떤 상황에서도 과연 한 방향으로 몰입할 수 있느냐에 따라서 자신의 운명이 바뀔 수도 있다. 생각한 내용이 현실의 세계에서도 그대로 이뤄질 수 있다. 매일 매일 몰입하라. 자신이 원하는 방향대로 꿈을 꾸며 즐겨라.

우리가 살아가는 현실은 척박한 모래사막과도 같다. 사막을 건너게 도와줄 수 있는 기술은 몰입의 기술에 달려 있다고 해도 과언이 아니다. 마치 유쾌한 대지를 건너가듯이 사막의 척박한 모래 언덕을 건너게 도와줄 기술은 몰입이다. 몰입의 기술은 불행한 척박한 상황 속에서도 꿋꿋하게 견디도록 도와줄 것이다.

☆ 성실하게 걸으면 그것이 축지법이다

축지법(縮地法)이란 무엇인가? 말 그대로 '땅을 접는 방법'이란 의미다. 일정한 거리를 보통의 경우보다 훨씬 빠르게 이동할 수 있도록 도와준다는 기술이 축지법이다. 이처럼 거짓말 같은 인구에 회자되는 말이 축지법이다. 사람들은 축지법에 대해서 관심을 많이 보인다. 홍길동이 축지법을 썼다든가, 아니면 손오공이 축지법의 원리로 구름을 탔다든가 하는 동화 같은 이야기에 귀를 기울인다.

하지만 괜한 전설 같은 이야기에 시간을 낭비할 일은 아니다. 축지법이란 다른 특별한 기술이 아니다. 쉬지 않고 걷는 것이 축지(縮地)다. 축지법에 특별한 비법은 없다. 마술적 행동도 아니다. 바른 길을 쉬지 않고 성실하게 걷는 것이 축지법이다. 걷다 보면 어느새 목적지에 도착하게 된다. 성실하게 한눈팔지 않고 걸으면 빨라진다. 먼 거리도 성실하게 걷다 보면 어느새 목적지에 도착하게 된다.

괜히 이것저것 쉽게 가는 방법이 없는가 하여 엿보다가는 그만 느려지고 마는 것이 사람의 일이다. 정도(正道)에는 요령이 없다. 비법도 없다. 오직 성실하게 쉬지 않고 제대로 걷는 것이 정도다.

사막에서는 걷는 행위에 있어서 걸음을 떼야 한다. 리듬을 타고 걷다 보면 먼 거리도 어느새 도착할 수 있다. 몰입해서 걷다 보면 따로 축지법은 필요가 없다. 바르고도 성실하게 걷는 것이 축지(縮地)의 한 방법이 되니깐 말이다. 지금 걸어가고 있는 길 위에서 걷는 것 자체에 몰입하라. 항상심을 가지고 몰입하면서 걷다 보게 되면 목적지에 곧 도착하게 될 것이다.

무엇을 탈까? 누구에게 도움을 구할까? 또는 다른 지름길이 없을까? 생각하지 말고 그냥 천천히, 꾸준하게 걸어가라. 축지법이란 이런 성실한 걸음걸이에 붙여 주는 자연의 선물인 것이다. 오늘도 묵묵하게 다른 방법을 기웃거리지 말고 자신의 길을 걸어가라.

일곱 번째 원리, 위기에 대비하라

사막을 건너는 일곱 번째 원리는 위기를 예상하고 준비하는 대비의 원리에 있다. 사막의 위험은 곳곳에 도사리고 있다. 특히 사막에서는 때때로 모래폭풍은 위험하기 그지없다. 한번 불어오면 바람의 강도나 기세 그리고 나갈 방향을 예측할 수가 없다. 언제 어디에서 불어올지 아무것도 예측할 수 없다. 살아남는 방법은 철저히 준비하는 것밖에는 없다. 유비무환(有備無患)이라는 평범한 말이 진리다. 위기에 앞서 미리 문제를 예상하고 대비하라. 철저히 준비하라. 평탄할 때 위기에 미리 대비하라.

준비하는 사람은 실수를 줄일 수 있다. 그러나 준비가 없다면 큰 문제에 봉착할 수 있음을 기억해야 한다.

남극탐험에 성공한 노르웨이의 아문센(Roald Amundsen, 1872~1928)과 남극 탐험에 실패한 영국의 스코트(Robert Falcon Scott, 1868~1912)의 예에서 준비의 차이가 얼마나 큰 결과를 만들어 냈는지를 깨닫게 된다. 준비의 차이가 그들의 운명을 갈라놓았던 것이다.

1911년 두 탐험대가 남극을 서로 먼저 정복하겠다는 비전을 가지고 야심만만하게 길을 떠났다. 먼저 아문센은 남극 지역을 여행한 사람들의 경험담을 철저히 분석해서 탐험 장비와 루트를 연구했다. 그 결과 모든 장비와 물품들을 에스키모 개가 끄는 썰매로 운반함이 최상의 길임을 알았다.

복장이나 장비에 이르기까지 가장 가볍고 튼튼한 것으로 사전에 철저히 준비했고 이 덕분에 아문센의 탐험대는 대원 한 명이 썩은 치아 하나를 뽑은 것 외에는 부상 하나 없이 남극점을 정복하고 돌아올 수 있었다.

반면에 영국 해군 장교였던 스코트는 남극 지방을 몇 번 여행한 경험만 믿고 상세한 사전 답사를 하지 않았다. 그는 개썰매가 아닌 모터 엔진으로 끄는 썰매와 망아지들에게 짐을 지고 가게 했다. 길을 떠난 지 닷새 만에 모터 엔진들은 다 얼어붙어 버렸고 개들도 남극의 추위에선 꼼짝했고 개들은 결국 동상에 걸려 다 죽어야 했다.

스코트 일행은 10주 동안 800마일을 걸어서 1912년 1월 17일 마침내 남극점에 도달했는데 그곳엔 이미 한 달이나 먼저 도착한 아문센 일행이 꽂아 놓은 노르웨이 국기와 아문센의 편지가 휘날리고 있었다. 돌아오는 길은 그들에게는 더 끔찍했다. 돌아오는 두 달 동안 대원들은 추위와 굶주림으로 하나씩 죽어 갔고 마지막엔 베이스캠프로부터 150마일 되는 지점에서 결국 스코트도 죽었다.

스코트는 다음과 같이 마지막 기록을 남겼다. "우리는 영국인 신사답게 죽을 것이다. 우리의 죽음은 역경을 이겨 내는 영국인의 의지와 힘이 결코 사라지지 않았음을 입증해 줄 것이다." 이 비장한 유언은 스코트의 준비 부족으로 인해서 빛바랜 언어로 남고 말았다. 이처럼 위험에 미리 대비하지 않는다면 위기는 현실이 되고 상황을 더 악화시킬 것이다. 따라서 위기가 기회가 되도록 미리 준비해야 한다. 그것은 철저하게 미리 준비하는 것 이외에는 없다. 만약 철저히 준비한다면 위기도 기회를 작용하게 될 것이다.

여덟 번째 원리, 결코 포기하지 말라

사막을 건너는 마지막 여덟 번째 원리는 포기하지 않는

다는 데 있다. 사막을 건너며 목적지에 다가갈수록 포기하고 싶은 마음이 커지기 마련이다. 하지만 거기에서 포기해서는 안 된다. 조금만 더 가면 사막을 건너 나갈 수 있다. 쓰러지고 주저앉으면 안 된다. 다시 일어나야 한다. 포기하지 말고 조금만 더 힘을 내어 걸어가야 한다.

천천히 걸어가라. 포기하지 말라. 문제를 천천히 풀어 가라. 포기하지만 않는다면 고통의 실타래도 천천히 풀릴 것이다. 고통을 외면하거나 고통으로부터 도망가지 말라. 고통을 정면으로 응시해 보라.

고통의 강도가 강할수록 역설적으로 고통의 삶이 주는 환희와 쾌감은 그만큼 커져 갈 것이다. 고통의 아픔이 없다면 대부분의 운동 경기는 지나치게 육체를 혹사하게 되어 빠지게 된다. 마찬가지로 고통이 없다면 성적인 기쁨도 없을 것이다. 성적 기쁨은 고통받는 세포에 의해서 전달되기 때문에 고통이 없다면 성생활은 사라지게 될 것이다. 성적 쾌감을 느끼는 메커니즘은 일정한 고통과 관련이 있다는 것은 잘 알려져 있는 사실이다.

또한 고통이 없다면 예술과 문화는 퇴보하게 될 것이다. 음악가, 화가, 조각가, 예술가들은 모두 고통과 긴장에 속에서 상상력을 이끌어 낸 것들이 작품으로 나온다. 만약 고통이 없다면 우리의 삶은 끊임없이 무의미의 나락으로 떨어질 위험이 증가하게 된 것이다.

이처럼 고통과 쾌감은 짝을 이루고 있다. 쾌감과 고통은 쌍둥이인 것이다. 노력과 정성이 들어간 성취라면 그 쾌감도 커지기 마련이다. 반대로 고통 없이 이룬 성취는 쾌감과 기쁨도 현저히 줄어든다. 고통이 없는 성취에는 행복감도 확연하게 줄어들게 되는 것이다.

진정한 쾌감은 적당한 고통이 함께 공존할 때 커지게 된다. 결코 쾌감은 고통이 없으면 느낄 수가 없다. 그렇다면 고통 속에서도 결코 포기하지 말라. 고통을 견디고 기다린다면 언젠가는 기쁨의 환희를 맛보게 될 테니까 말이다.

☆ 집념, 포기하지 말라

때론 사람의 운명이란 것이 나약하기 그지없어 보인다. 현실은 가혹하고 날카로운 창끝과 같이 우리의 창호지같이 얇은 운명을 쉽게 찢고 지나가기도 한다. 하지만 사람의 위대함이란 그 냉엄하고 예리한 현실의 창끝을 부드러운 방패로 막아서는 용기에 있다. 비록 보잘것없고 깨지기 쉬운 약한 방패이지만 그 창끝을 온 힘을 다해 맞서는 용기가 진정한 사람됨을 말해 준다.

이처럼 용기란 위대하다. 용기는 운명에 대해서 대드는 것이자 맞서는 것이다. 다시 한 번 공격하려면 한번 해 보라는 두둑한 배짱이다. 용기란 다시 일어서는 집념이며 끈

기다. 이제 용기를 가져라.

진정한 용기만 있다면 실패는 막을 수 없다. 1964년 10월 21일. 에티오피아의 아베베 비킬라(Abebe Bikila, 1932~1973)는 제17회 로마올림픽에 이어 도쿄올림픽에서 마라톤 2연패의 위업을 일궈 냈다. 그는 맨발의 아베베로 알려진 탁월한 마라토너였다.

아베베는 올림픽 마라톤에서 두 차례나 우승했지만 그 뒤로 교통사고를 당해서 그만 하반신 마비라는 불구의 몸이 되고 말았다. 통산 마라톤 15회 출전에 12회나 우승했던 그 빛나는 삶도 이제는 끝난 것처럼 보였다.

그러나 아베베는 곧 손과 팔의 힘을 기르는 운동을 시작했으며, 사고 이듬해 25km 눈썰매 크로스컨트리에 출전해서 금메달을 딴 것을 시작으로 노르웨이에서 열린 장애인 양궁대회를 비롯해 온갖 휠체어 경기에 출전해서 우승을 일궈 냈다. 이처럼 아베베는 도전하는 사람이었다. 운명을 탓하지 않았고 주어진 운명 속에서도 삶을 개척했다.

이처럼 위대한 사람이란 그들이 포기를 몰랐다는 데 있다. 포기하지 않는 한 희망의 태양은 다시 떠오른다. 포기할 줄 모르는 집념이 위대한 삶을 가능케 하기 때문이다.

마크 트웨인(Mark Twain, 1835~1910)은 오십에 파산 선고를 받았고 에디슨(Thomas Alva Edison, 1847~1931)은 쉰셋의 나이에 부도를 냈다. 발자크(Honoré de Balzac, 1799~

1850)와 도스토예프스키(Fyodor Mikhailovich Dostoevsky, 1821～1881)는 감옥에 집어넣겠다는 빚쟁이들의 협박에 평생 동안을 피해 다녀야 했다. 월트 디즈니(Walt Disney, 1901～1966)도 30년 세월 동안 파산 상태로 살아야만 했다.

하지만 이들의 공통점은 결코 포기하지 않았다는 데 있다. 그들의 사전에는 포기란 말은 없었고 마침내 삶에 찬란한 빛을 끌어들일 수 있었다. 진정 위대한 인물의 특징은 바로 이런 것이다. 결코 포기를 모른다는 점이다. 포기하지만 않는다면 실패란 있을 수 없다.

인생이라는 사막에서 넘어져도 다시 일어나라. 한 번만 더 일어나 걸어가라. 조금만 더 힘을 내라. 포기하지 말라. 거기에 목적지가 있다.

10. 실패한 대통령에서 위대한 인물이 되다

지미 카터(Jimmy Carter, 1924～) 대통령은 재직 시절에는 하는 일마다 시비와 비난이 그칠 줄 몰랐고 급기야 1980년 재선 도전에 실패하고 조지아 주의 땅콩 농장으로 돌아갈 때 신문들은 그를 패가망신한 소인배로 매도하기에 이르렀다. 그에게는 '어떻게 저런 사람이 미국의 대통령이 되었을까'하는 말들이 난무하는 등 카터의 삶은 이미 끝나 있었다.

지미 카터는 대통령직에서 물러난 후로는 청바지를 입고 무주택자를 위한 집을 지어 주는 현장에 있었다. 머리에는 수건을 두른 채 땀을 뻘뻘 흘리며 망치질과 톱질로 세월을 보냈다. 개발도상국에서 중요한 선거가 있으면 아무 권력도 없는 일반 시민의 자격으로 달려가서 공명선거 감시단원으로 활동했다.

이렇게 대통령직에서 물러나 시민으로 돌아온 카터는 어느덧 미국인들로부터 '역사상 가장 위대한 전직 대통령'이라는 찬사와 함께 세계 언론의 초점이 되기에 이르렀다. 카터는 오늘까지도 세계에서 가장 영향력 있는 리더 중의 한 사람으로 남게 되었다.

재임 당시에는 고르바초프(Mikhail Sergeyevich Gorbachyev, 1931~)의 업적에 비하면 카터의 업적은 보잘것없어 보였지만 현재 그는 재임당시의 고르바초프보다 더 존경을 받고 있으며 더 높은 평가를 받고 있다. 카터는 1980년 권좌에서 물러난 뒤 자기 삶을 포기하지 않고 남은 인생을 가꾸고 창의적으로 만들어 갔다. 결국 새로운 인생을 개척해 냈다.

마침내 대통령직 사직 26년이 지난 2002년도에 노벨 평화상을 수상하기에 이르렀다. 실패했다고 결코 포기하지 마라. 포기하지 않는다면 기회는 다시 만들 수 있다. 아직 삶은 끝나지 않았다. 계속 전진해 가라.

11. 포기하지 않는다

인듀어런스 호는 1914년 남극대륙 횡단을 위하여 영국에서 출발한 배 이름이다. 새클턴(Ernest Shackleton, 1874~1922)은 그 배의 선장 이름이다. 이 배에 탑승한 대원의 인원은 27명이었다. 남극대륙횡단이라는 벅찬 꿈을 안고 힘차게 출발했던 인듀어런스 호. 그러나 남극대륙에 도착하기도 전에 남극해를 떠도는 얼음, 부빙에 갇혀 난파하고 만다.

이때부터 생존을 위한 27명의 몸부림이 장장 18개월, 634일간에 걸쳐 펼쳐진다. 선장이었던 새클턴의 임무는 남극대륙 횡단에서 27명의 대원 모두를 구해야 하는 것으로 바뀐다.

부빙에 갇힌 남극해에서 선원 모두가 살아 돌아간다는 것은 현실적으로 가능한 일이 아니었다. 상황마저 최악이었다. 구조를 기다리기는커녕 구조를 요청하는 것 자체가 불가능한 상황이었다. 게다가 살인적인 추위와 그로 인한 선원들의 부상 그리고 식량의 부족은 상황을 더욱 더 절망적인 상태로 몰아가고 있었다.

새클턴은 어떠한 환경에서도 포기하지 않았다. 그는 대원들을 이끌고 당시에는 무인도였던 앨리펀트 섬에 도착한다. 그리고 그곳에서 5명의 대원을 데리고 남아 있는 다른 대원들의 구조 요청을 하기 위하여 다시 떠났다. 이후 조난당한 지 634일 만에 모든 대원을 구출하는 데 성공한다. 기적이었다.

구출 당시 한 대원은 이렇게 고백했다. "최악의 구렁텅이에 빠지더라도 새클턴이 리더라면 두렵지 않다." 새클턴호의 대원들이 모두 무사히 돌아올 수 있었던 이유 는 새클턴의 리더십과 그의 결코 포기하지 않는 정신에 있었다고 하겠다.

'새클턴의 서바이벌 리더십'의 저자 데니스 퍼킨스(Dennis N. T. Perkins)에 의하면 새클턴 호가 살아남을 수 있는 힘은 포기하지 않는 정신에 있다고 했다. 새클턴은 말한다. "절대 포기하지 마라. 이것이 가장 중요합니다. 포기하지 않는 한 기회는 옵니다. 포기하지 않는 한 미래는 열려 있습니다. 위기탈출과 극복은 결국 "포기하고 싶은 마음과 싸우는 일입니다."

새클턴 호와는 유사한 상황에서도 반대의 결과를 가져온 모험도 있다. 새클턴 호가 출항했던 시기와 비슷한 1913년 8월 3일 빌하울머 스테펀슨이 이끄는 캐나다 탐험대가 모험을 시작했다. 그들은 캐나다 최북단 해안과 북극점 사이의 지역을 탐험하기 위해 출발했다. 이들이 타고 간 탐험선 칼럭 호도 새클턴 호와 비슷하게 단단한 빙벽에 둘러싸이고 말았다.

승무원들은 고립된 지 수개월 만에 떠날 때와는 전혀 다른, 이기적인 사람들로 변해 버렸다. 거짓말과 도둑질은 일상이 됐고, 결국 11명의 승무원은 북극 황무지에서 죽음을 맞고 말았다. 비극이었다.

새클턴 호의 모험은 칼럭 호의 모험과는 무엇인가 달랐다. 새클턴 탐험대가 무사 귀환할 수 있었던 것은 단순히 인내력이 강했기 때문만은 아니다. 다시 말하지만 새클턴 호의 성공적 귀한에는 새클턴의 포기하지 않는 정신과 그의 뛰어난 창의력 때문이었다.

새클턴과 그의 대원들의 성공은 죽음에 직면해서도 당당하게 맞설 수 있는 희망의 능력, 그리고 발생한 문제에 대해 창의적으로 생각할 수 있는 힘, 마지막으로 결코 포기를 모르는 도전정신에서 찾을 수 있다.

포기를 모르는 사람들에게는 문제를 창의적으로 대할 수 있는 능력이 주어지고 결국은 살아남는 길을 발견하게 되는 것이다.

12. 농부는 씨앗을 팔지 않는다

농부는 어려울 때도 씨앗은 팔지 않는다. 농부가 씨앗을 판다는 것은 미래를 헐값에 팔아넘기는 것과도 같다. 씨앗은 농부에게 있어서 미래요 희망이기 때문이다. 아무리 힘들어도 씨앗만큼은 남겨 둬야 한다. 다음해 봄을 위해서 씨앗을 남겨 둬야 한다. 이것이 진정한 농부의 정신이다.

마찬가지로 진정한 목수는 연장을 팔지 않는다. 목수는 놀고 있어도 연장만큼은 팔 수 없다. 다음에 일이 있으면 들고 나가야 하기 때문이다. 지금 연장을 팔아서 돈 몇 푼을 받을 수는 있다. 하지만 미래는 보장할 수 없다. 이처럼 진정한 목수는 자신의 연장만큼은 꼭 지킨다. 그에게 연장을 지킨다는 것은 희망을 지킨다는 말과 동의어다.

당신의 희망을 팔지 말라. 당신 자신의 고유한 가치를 쉽게 내다 팔지 말라. 힘들어도 그것을 보호하라. 절대로 당신 자신의 희망만큼은 포기하지 말라.

03

자연스러움을 지켜라

13. 겨울나무는 옷을 벗는다

  자연은 바보다. 약삭빠르지 못하다. 그래서 어리석게 느껴진다. 늘 인간에게 당하기만 한다. 인간이 하자는 대로 자신을 맡긴다. 자연은 인간에게 있어서 영원한 바보다.

  인간은 똑똑하다. 분명히 자연보다 영리한 존재다. 인간은 지금까지 자연을 이용할 줄 알았고 자연의 법칙을 활용할 줄 알았다. 인간은 언제나 자연 위에 군림해 왔다. 인간이 자연보다 똑똑한 이상 자연은 영원히 인간에게는 노예요, 착취의 대상이었다.

  그러나 자연은 여전히 인간보다 똑똑하다. 자연은 여전히 지혜롭다. 자연 속에는 조물주의 메시지가 들어 있기 때문이다. 조물주의 마음이 깃들어 있다. 그러나 인간은 자연 속에 깃들어 있는 그의 지혜를 볼 줄 모른다. 자연을 자연으로만 인식할 뿐이다. 그래서 자연 속에 깃든 그의 메시지를 읽으려 하지 않는다. 그것이 실수다.

이제는 우리가 촌스러운 자연에게 배울 차례다. 어리석게 보이는 자연, 그 속에 어떠한 인생의 진리가 들어 있는지 자연을 읽고 삶을 읽어 보자. 자연 속의 메시지를 삶을 읽어 본다면 거기에는 풍부한 지혜를 엿볼 수 있을 것이다.

이제 시선을 돌려 겨울나무를 보라. 나무에게 겨울은 위기다. 겨울은 나무에게는 죽음을 각오하고 건너야 할 시련의 강이다. 겨울 혹한이 몰고 올 두려운 시간을 나무는 온몸으로 견뎌 내야 한다. 따라서 나무는 겨울을 나기 위해서 옷을 벗는다. 이것이 나무의 지혜다. 나뭇잎을 모두 아래로 떨어뜨린다. 나뭇잎 한 장을 남기지 않고 모두 내려놓는다. 나무는 위기를 그렇게 극복한다.

위기는 스스로 자기 가진 것을 내려놓을 때에만 극복할 수 있는 사실을 나무는 알고 있다. 나무처럼 위기를 만나거든 거추장스러운 것들을 모두 내려놓아라. 남김없이, 거침없이, 쏟아 버리고 내려놓아라. 뒤를 돌아보지 마라. 미련일랑 함께 아래로 떨쳐 버려라.

위기 시에는 뒤로 물러나라. 어떤 일도 계획하지 말고 맨 몸으로 물러나라. 아무 일도 하지 않고 견딘다는 것은 쉽지 않은 일이다. 그러나 아무 일도 하지 않고 견디다 보면 삶을 보는 눈과 마음은 달라진다.

퇴계 이황(李滉, 1501~1570)은 낙동강 상류인 토계에 양진암을 짓고 생활하였다. 퇴계가 이미 현실정치에서 한 발자국 물러나 고향으로 돌아왔을 때였다. 이곳에서 퇴계는 학문에 전념하기로 결심한다.

퇴계가 물러나려고 했던 결심은 오래전부터 계획하고 있었다. 그가 퇴계라는 이름을 사용한 나이는 46세로, 현실세계에서 적극적으로 참여하고 일할 때였다. 이때부터 퇴계는 천천히 현실정치와 거리를 두기 시작했다. 현실정치를 멀리에서 바라보겠다는 것이 그의 뜻이었다. 자신의 호에 물러날 퇴(退)자를 넣은 것은 정계 은퇴에 대한 그의 뚜렷한 의지를 표현한 것으로 퇴계 마음에는 벌써 물러날 생각을 하고 있었던 것이다.

이렇게 퇴계는 물러날 생각을 했고 이어서 실천에 옮겼다. 만약 퇴계가 이때 물러나지 않았더라면 큰 화를 입고 말았을 것이다. 정치적 정적들의 표적이 되어 어려움을 경험하게 되었을 것이다. 그를 지켜 준 것은 '물러남'에 있었다. 그는 물러날 줄 아는 사람이었기 때문에 그의 업적이 후대에까지 기억될 수 있었던 것이다.

이처럼 죽어서도 그의 이름이 빛나는 까닭은 정치의 정점에 올랐을 때 냉정하게 내려올 줄 알았던 비움의 정신에서 비롯된다고 하겠다. 물러나면 생각이 깊어지고 자신을 객관적 바라보게 되며 돌이킬 수 있게 된다. 물러남의 시간은 몸을 바르게 세울 수 있었던 기회요, 재충전할 시간을 얻게 된 계기가 되는 것이다.

이미 자신이 정점에 올랐다고 생각되면 조용히 물러날 계획을 세워라. 퇴계는 물러남으로 오히려 정치적 생명이 연장되었고 학문적으로도 성숙할 수 있었다.

하지만 물러남에는 용기가 필요하다. 특별히 자신의 직위나 능력이 정점에 이르렀다고 생각되었을 때에 물러남의 결단을 하는 것에는 더더욱 용기가 필요하다.

20세기의 신학자 폴 틸리히(Paul Tillich, 1886~1965)는 "가장 중요한 것을 위해 보다 덜 중요한 것을 버릴 수 있는 것이 용기이다"라고 했다. 가장 중요한 인생의 목적을 위해서 자신이 얻은 특권과 권력을 버리고 물러날 줄 안다는 것은 대단한 용기며 혜안이다. 이러한 사람이 정말 지혜로운 사람이다.

물러난다는 것은 마음속에 더 큰 뜻이 있을 때에만 가능하다. 물러나고 버리는 기술은 아무에게나 주어지지 않는다. 마음속에 더 큰 그림을 가지고 있는 사람만이 버릴 줄 아는 사람이 되는 것이다.

아프리카 사람들에게는 원숭이를 잡는 사냥법이 있다. 원숭이 사냥은 원숭이가 사과를 좋아하기에 원숭이가 다니는 숲속 길목에 사과가 든 나무 상자를 하나 묶어 둔다. 이 상자는 겨우 원숭이의 편 손이 들어갈 만한 크기로 되어 있다. 사과 냄새를 맡은 원숭이는 상자 속에 손을 넣어 사과를 움켜잡는다. 그리고 손을 빼려 한다. 하지만 손에

든 사과 때문에 손이 빠지질 않는다. 이때 사냥꾼들은 손쉽게 접근해서 원숭이를 잡는다. 원숭이가 살려면 손바닥 안에 든 사과를 버리면 손이 빠져나와 살게 되지만 원숭이는 사과가 아까워 차마 버리지 못하고 잡혀가게 되는 것이다.

욕심을 버리고 자유를 얻기 위해서 사과를 버리면 자유라는 더 큰 뜻이 있으면 원숭이는 살 수 있다. 그러나 원숭이는 그렇게 하지 않는다.

원숭이만 그런 것이 아니다. 사람도 버릴 것을 버리지 못하다가 모든 것을 잃게 되는 경우가 흔하다. 물러날 줄 알아야 하고 때론 포기할 줄도 알아야 한다. 창조적 포기는 창의적인 삶으로 이끌어 주기 때문이다. 창조적 포기는 뜻을 가진 사람만이 가질 수 있는 기술인 것이다.

14. 자만하면 독이 된다

용기가 지나치면 자칫 만용을 부리게 된다. 만용은 자기 스스로를 극단적으로 신뢰하는 사람에게 찾아오는 자만심이다. 자만심은 자기 스스로의 눈을 흐리게 한다. 자만심은 자신이 얻었던 많은 것들을 잃게 만드는 장애물인 것이다. 자만심으로 위기를 불러들였던 대표적인 인물로 히틀러를 들 수 있겠다.

히틀러(Adolf Hitler, 1889~1945)는 처음에는 특히 국민들에게 놀라운 지지를 받았다. 그는 1933년 독일 총리가 되었고 처음 시작할 때 그의 사생활은 몹시 검소했다. 공식 석상 나올 때에는 언제나 낡은 군복을 입었다. 술과 담배는 가까이하지 않았다. 자기 절제에 있어서 탁월한 인물로 국민들의 신뢰를 얻었다.

그런 히틀러는 시간과 함께 조금씩 달라져 갔다. 전쟁을 일으킨 전범이 되었을 때는 더 달라져 있었다. 그가 구사한 세계 침략 전략을 살펴보면 더 분명해진다.

2차세계대전 당시, 히틀러는 1933년부터 1940년까지 7년 동안 하나의 전략만으로 세계를 침략해 들어갔다. 히틀러의 전략은 '강한 세력을 피하고 약한 세력을 선제공격'에 있었다. 그는 강한 세력을 만나면 피하는 전술을 사용했다. 언제나 약자를 선제공격하는 야비한 계획으로 세계를 침략해 가고 있었다. 폴란드, 체코가 그들이었다. 그의 이러한 전략은 처음에는 잘 들어맞았다. 그가 자만심으로 눈이 흐려지지 않았다면 계속해서 성공했을 것이다.

히틀러의 이런 전략은 1941년 6월 22일에 소련을 침공하면서 무너지게 된다. 그동안 자신의 전략을 구사해 왔던 약한 세력을 선제공격하는 것과는 달리 강력한 소련을 침공하기로 한 것은 분명 히틀러의 지나친 자만에서 비롯되었다.

그는 강자를 피하고 철저하게 약자만을 공격 대상으로 삼는다는 원칙을 스스로가 버리기 시작했다. 더 많은 영토를 얻으려는 욕심이 그의 명석한 판단을 흐리게 만들었던 것이다. 그는 빠른 시일 내에 주변국을 점령하고 전쟁을 마무리하기만을 원했다.

만약 히틀러가 소련을 정면 공격을 가하지 않고 북아프리카를 거쳐 우회적으로 공격을 했다면 전쟁의 결과는 달라졌을 것이다. 왜냐하면 연합군의 상황은 1940년, 프랑스 군대가 섬멸된 뒤에는 이집트와 수에즈운하를 보호할 수 있는 병력은 영국군 1개 사단밖에 없었기 때문이다. 이곳은 연합군에게는 군사력이 너무나 약한 곳이었다.

이에 비해 독일군은 이곳에 12개 사단이나 진출해 있었다. 분명 압도적인 군사적 우위를 확보하고 있었던 것이다. 만약 독일이 이 병력을 이용해서 수에즈운하를 장악했었다면 팔레스타인, 요르단과 아라비아반도, 시리아, 이라크, 이란을 침공할 길도 곧 바로 열렸을 것이다. 물론 전투물자인 석유도 무제한으로 사용할 수 있었을 것이다. 히틀러가 점령해야 할 약한 곳은 바로 이곳이어야만 했다.

그러나 히틀러는 소련 공격에 집착했다. 강력한 세력을 먼저 잡겠다는 지나친 자만은 중대한 결과를 가져왔던 것이다.

이처럼 히틀러는 처음의 예리하고 냉정했던 마음을 잃어

갔다. 오직 더 빨리, 더 넓게, 세계의 영토를 수중에 넣고 싶어 했다. 분노는 커져만 갔고 냉정한 마음은 사라졌다. 이제 남은 것은 충동적 결정만 있었을 뿐이었다.

약한 국가를 쉽게 침략하고 손에 넣을 수 있자 소련처럼 강한 국가도 점령할 수 있겠다는 자만심이 극에 달했던 것이다. 그는 소련만 파멸시키면 영국을 이길 수 있으리라 생각에 사로잡혀 있었다.

이러한 히틀러의 오판은 소련과의 전투에서 치명적 결정타를 입게 된다. 그는 소련과의 힘겨운 전투에서도 독일군들이 어려운 상황에 처했음에도 불구하고 오직 공격할 것만을 고집했다. 독일 병사들을 살리기 위한 어떠한 퇴각 명령 따위도 없었다.

히틀러는 독일이 점령한 영토를 빼앗기는 것을 가장 두려워했던 것이다. 자신이 점령했던 영토를 빼앗기지 않으려고 항아리에 손을 넣은 원숭이처럼 손에서 사과를 놓지 않았다. 이것은 분명한 히틀러의 오판이었다.

이러한 오판의 결과 소련과의 전투에서 독일 제국이 쌓아 온 엄청난 자원과 인력을 모두 바닥냈다. 여러 전투에서 놀라운 성과를 만들어 냈던 탁월한 독일군들을 모두 잃게 되었다.

이렇게 하여 히틀러의 자만은 돌이킬 수 없는 자기 파괴적 결과를 가져오게 되었다. 사필귀정이다. 사람의 탐심과 자만은 자기를 파괴하는 부메랑임을 기억해야 한다. 먼저 지나친 탐심을 제해야 한다.

15. 회오리바람은 오래가지 못한다

바람이 나무를 흔들지만 영원히 나무를 흔드는 바람은 없다. 거세게 부는 회오리바람은 반나절을 넘기지 못한다. 태풍이 강렬하다지만 하루가 지나면 모두 사라지고 만다. 아무리 거센 바람이라 할지라도 기껏해야 하루면 그만이다.

시련도 이와 같다. 극단적인 시련이 우리 삶에 닥칠 때가 있다. 하지만 극단적인 시련일수록 오래가지 못한다. 극단적인 시련은 회오리바람과 같아서 거세지만 금세 그치게 된다. 만약 극단적인 시련이 찾아오거든 조용히 기다려 보라. 덤벼들지 말고 조용히 견뎌 보라. 회오리바람은 잠시 심통을 부리다가도 곧 흔적도 없이 사라지게 된다. 자연의 이치가 그렇다.

봄이 오면 자연스럽게 꽃이 피어난다. 겨울 끝자락에 피어나는 매화를 볼 때면 반가운 친구를 만나게 된 것처럼 기쁘기만 하다. 매화가 피어나는 것을 보게 되면 봄이 왔음을 알기에 잔설이 분분하고 꽃샘추위가 기승을 부려도 겨울은 오래가지 않을 것이라는 사실을 이미 알고 있다.

매화꽃이 피어난 겨울의 끝자락에는 봄이 겨울에게 보내는 메시지가 깃들어 있다. "겨울아 너는 이제 물러나라. 너의 생명력은 여기까지다. 겨울아 이제 너는 여기에서 멈춰라!" 이것이 봄이 겨울에게 보내는 메시지다.

매화의 꽃향기는 시련이 끝났음을 알리는 봄의 승전보다. 고통의 밤이 끝나 가고 있다는 승리의 깃발이다. 매화꽃을 보거든 소리 내어 외쳐 보자. "시련아, 너는 여기에서 멈춰라. 너는 여기까지다!" 그렇다. 때가 되면 매섭던 시련의 겨울 추위도 힘을 잃고 물러나게 된다. 문제는 그때까지 얼마나 인내하며 견디는가에 있다.

회오리바람을 두려워하지 마라. 바람이 거세게 불어올 때면 기억하라. 거센 회오리바람은 반나절을 넘기지 못한다는 사실을! 삶에 닥친 극단적인 시련과 고통의 시간은 그리 길지 않음을 믿어라. 곧 끝나고야 말 것이다. 그때까지 온전히 인내하라.

16. 흥분하면 기술을 잃는다

중요한 순간에 흥분을 하게 되면 배운 지식과 기술을 한

꺼번에 잃게 된다. 흥분을 하게 되면 이성은 잠시 제 기능을 발휘하지 못하게 되고 상황 통제는 불가능한 상태가 지속된다. 흥분하는 사람은 아무리 많이 배운 사람이라 할지라도 실력을 발휘할 수 없다. 알고 있는 지식과 기술을 사용하려면 먼저 차분히 마음을 가라앉혀야 한다. 마음을 가라앉히는 것이 첫 번째의 기술이 되어야 한다. 다음 이야기를 함께 생각해 보자.

<장자(莊子)>에 보면 주나라 '기성자'라는 인물은 투계(鬪鷄)에 있어서 최고 전문가였다. 주선왕은 투계를 무척 좋아해 싸움닭을 키우고 있었다. 왕의 부름을 받고 싸움닭 키우기에 나선 기성자는 느긋하기만 했다. 열흘이 지나자 왕이 물었다.

"닭이 이제 싸울 수 있겠는가?"

기성자가 아뢰었다.

"아직 안 됩니다. 지금은 허세만 부리고 교만하며 제 힘만 믿습니다."

열흘이 지나 왕이 다시 묻자 대답했다.

"아직 안 됩니다. 다른 닭의 울음소리를 듣거나 모습을 보면 당장 덤벼들 것처럼 합니다."

열흘이 지나 재차 왕이 묻자 이렇게 고했다. "안 됩니다. 다른 닭을 보면 노려보면서 성난 듯이 합니다."

열흘이 지나 다시 묻자 대답했다.

"거의 되었습니다. 싸울 상대의 닭이 소리를 질러 대도 아무런 내색도 하지 않습니다. 멀리서 바라보면 마치 나무로 만든 닭 같습니다. 이제 싸움닭으로서의 덕이 갖추어졌습니다. 감히 상대하지 못하는 상대방 닭이 도망가 버립니다."

마침내 그의 입에서 "이제 됐습니다"라는 대답이 나왔던 것이다. 옆의 닭이 다가와도 눈길 한번 건네지 않고, 높은 소리로 울어 대도 전혀 반응하지 않는다는 것. 기성자는 "바라볼 때 나무로 만든 닭과 같으니 그 덕이 완전히 갖춰졌습니다. 다른 닭이 싸움을 건네려다 바로 도망갈 것입니다."라고 왕에게 설명했다.

이렇게 나무로 만든 닭과 같다 하여 목계(木鷄)라는 말이 나왔다. 이 말은 어느 분야에서 최고의 경지에 달하는 것을 일컫게 되었다. 많은 경험을 쌓고도 어떤 상황에서는 모든 일에 흥분하지 않고 무심한 마음으로 상황을 대처하는 능력을 지닌 사람들을 일컫는 말이 되었다.

어떤 일이 닥치더라도 나무로 만든 닭처럼 흥분하지 말자. 일단 상황을 예의주시하되 반응을 보일 때에는 상황의 전체를 파악하고 조용히 대응할 줄 알아야 한다. 그러면 지금까지 익혀 왔던 지식과 기술들을 하나씩 천천히 사용할 수 있다. 이렇게 되면 상황은 실타래가 풀리듯이 하나씩 풀리게 된다.

17. 바람을 타는 거미에게 배워라

거미를 보라. 거미는 어떻게 바람을 타고 자유롭게 날아오를 수 있는 것일까? 거미를 관찰하고 있노라면 거미의 묘기에 가까운 줄타기에 감탄을 하지 않을 수가 없다.

거미는 바람이 불어오면 자신의 놀라운 기술을 선보인다. 먼저 거미는 바람을 타고 날아오른다. 허공 속으로 거미줄 한 가닥을 뽑아내어 자유롭게 날아오른다. 바람이 불어오기를 기다리는 항구의 돛단배처럼 거미는 바람을 기다린다.

바람을 이용할 줄 아는 거미의 지혜는 놀랍기만 하다. 거미는 바람이 부는 방향을 거스르지 않고 바람이 부는 쪽으로 바람을 타고 날아오른다. 자유롭게 바람을 타되 바람에 자신을 맡긴다. 바람이 불어오면 거미는 허공에 집을 짓는 바람의 목수가 된다. 바람을 타고 있으면서도 못질도 하고 줄을 재어 자기 집을 짓는다.

진정한 바람의 목수, 거미! 거미는 집을 지으면서도 거미줄에는 달라붙지 않는다. 작은 나비나 벌레들은 거미줄에 붙게 되면 죽음을 맞게 되는데 이렇게 끈적한 거미줄은 나비와 벌레들에게는 지옥이다.

그러나 거미 자신은 결코 거미줄에 달라붙지 않는다. 거미줄에 걸리지 않는다. 자신의 다리에서 나오는 기름 때문에 끈적한 거미줄임에도 결코 붙지 않는다. 말하자면 거미는 기름발로 거미줄을 타는 것이다. 거미줄에 붙지 않고 즐길 줄 아는 지혜는 거미의 기름 발에 있었던 것이다.

거미처럼 바람의 목수가 되어 보아라. 거미줄에 붙지 말고 기름발로 거미줄을 타 보라. 거미줄에 걸리는 작은 벌레가 되지 말고 자유롭게 거미줄 위에서 놀아라. 바람을 따라 자유롭게 날아 올라보라.

바람이 불어오는 위기 앞에서 당황하지 말고 오히려 거미처럼 바람을 이용할 줄 아는 지혜를 발휘해 보라. 바람을 이용해서 집을 짓는 진정한 바람의 목수가 되어 보아라.

18. 문제의 근원을 고쳐라

농사를 짓는 사람들에게도 엄연히 급이 있는 법이다. 농사를 짓되 가장 어리석게 농사짓는 농부를 일컬어 하농(下農)이라 부른다. 하농이 농사지을 때 하는 일이란 피를 뽑는 일, 잡초를 뽑아 주는 일을 주된 일로 삼는다. 한 마디로 하농은 농사를 짓되 농사의 원리를 잘 모르고 눈에 보이는 일만 하는 고용인 정도라고 할 수 있겠다.

좀 나은 농부를 중농(中農)이라 부르는데 중농은 농사를 짓되 잡초를 뽑는 일보다는 곡식 자체에 정성을 쏟는 농부다. 곡식에게 병은 없는지 잘 자라고 있는지를 살피는 성실한 농부를 일컫는 말이다. 이러한 중농은 자기 땅을 소유한 주인 정도라고 할 수 있겠다. 자기 일에 책임감 있게 접근하는 농부인 것이다.

중농보다 지혜로운 농부를 일컬어 상농(上農)이라 부른다. 상농은 농사를 가장 잘 짓는 농부다. 상농은 농사를 짓되 근원되는 땅을 먼저 가꾸는 농부다. 땅이 바르지 못하면 일 년 농사도 허사라는 것을 알고 근원되는 땅을 가꾸는 농부가 상농이다.

상농은 땅 심을 돋우기 위해서 먼저 자세히 땅을 살핀다. 또한 흙의 색을 살펴보고 흙에 영양분을 넣어 준다. 숯이나 잡다한 잡초들, 동물들의 배설물들을 모아다가 배합해서 뿌려 준다. 땅을 살리기 위함이다. 이렇게 상농은 농사를 지을 때 근원을 생각하고 농사짓는 지혜로운 농사꾼이다.

농사는 근원을 바로 잡아야 제대로 된 농사라 할 수 있다. 잡초를 뽑기 전에, 곡식을 돌보기에 앞서서 먼저 땅을 바로잡듯이 세상 살아가는 이치도 이와 같다. 문제의 근원을 파헤치고 원인을 고쳐야 한다. 근원을 고쳐야만 결과가 달라진다.

근원을 고치지 않고 곁가지에만 매달리면 병을 고칠 수가 없다. 병은 더욱 커질 수 있다. 만약 문제를 풀려거든 근원을 파악하고 고쳐라. 이 길이 가장 빠르고 안전한 길이다. 근원을 파악하는 안목을 길러라.

19. 상대가 없으면 죽음이다. 카바리아나무

한 과학자에 의해서 발견된 카바리아라는 나무가 있다. 모리셔스(Mauritius) 섬에서 발견된 이 특정한 종의 카바리아나무는 희귀종으로 남아 있는 나무는 모두 13그루였다. 그런데 과학자들은 이 나무의 나이가 모두 300년가량을 보이고 있다는 공통점을 발견했다. 젊은 나무는 단 한 그루도 없었다.

말하자면 이 나무는 1600년대 이래로 어떠한 발아도 이루어지지 않았던 것이다. 이 종의 평균 수명이 300년 정도임을 추정해 본다면 나무들의 나이는 이미 노인에 접어든 수령이었다. 이대로 나무들이 살아간다면 모두 죽을 것이며 이 종은 영원히 멸종하게 될 위기에 처해 있었다.

카바리아 나무가 씨앗을 발아시키지 못하는 원인이 어디에 있었을까? 과학자들은 이 나무가 300년 전에 번식을 멈춘 사실에 주목하기에 이르렀다. 여기에는 이 섬에서 살던 도도새가 300년 전에 멸종했다는 사실과 관련이 있었음을 확인할 수 있었다.

도도새는 카바리아나무의 열매를 먹고 살았다던 새다. 카바리아나무의 열매는 껍질이 너무도 두꺼웠고 도도새의 두꺼운 부리로만 열매를 까서 먹을 수가 있었다. 도도새가 열매를 까먹은 이 후에 씨가 배설물로 나와야만 카바리아나무는 싹이 틀 수 있었다. 과학자들은 오로지 도도새의 소화기관을 통해서만 카바리아나무는 씨앗을 옮기고 성장시킬 수 있었음을 알게 되었다.

카바리아나무의 멸종은 돌이킬 수 없는 사실이 되어 버렸다. 도도새가 이미 멸종해 버린 까닭이었다. 학자들은 카라비아나무의 멸종을 막아 낼 방법을 찾지 못하고 있었다.

이때 과학자들은 칠면조의 식도나 소화기관이 도도새의 소화 기관과 역할이 매우 유사함을 발견했다. 과학자들은 멸종한 도도새 대신에 칠면조를 이용했다. 칠면조에게 카라비아나무 열매를 먹게 하고 배설하게 해서 얻은 씨를 심었다. 이후 카바리아나무의 씨앗을 발아시켜 성장시키는 데 성공할 수 있었다.

이처럼 문제의 근원을 푸는 열쇠는 원인을 찾아내고 해결하는 것이 지름길이다. 비록 도도새의 멸종은 막을 수 없었지만 카바리아나무의 멸종만은 막을 수 있는 길이 열리게 된 것이다. 원인을 발견하고 해결책을 찾은 까닭에 달려 있었던 것이다.

한 생명이 죽으면 함께했던 생명들은 죽게 된다. 생명을 모두 하나로 연결되어 있음을 기억해야겠다.

20. 위험을 모르면 그것으로 끝이다. 도도새 멸종

앞서서 살펴본 카라비아나무의 생존과 더불어 이제는 도도새의 멸종의 원인에 대해서 한번 생각을 해 보도록 하자. 인도양의 섬 모리셔스(Mauritius)에서 1600년쯤에 처음 발견된 도도새는 이후 8년이 안 되어서 멸종하고 말았다. 왜 도도새는 급격하게 멸종한 것일까? 도도새의 멸종의 원인을 두고 많은 견해들이 있어 왔다.

대략 멸종의 원인에 대해서 모아지는 의견은 몇 가지로 집약되어 왔다.

첫째, 도도새에게는 천적이 없었던 것이 멸종의 원인이 되었다. 도도새에게는 '적'이란 개념이 없었던 것이다. 천적이 없었던 까닭에 '적'에 대한 인식이 없었다. 이 때문에 도도새는 사람들에게 너무도 손쉬운 사냥감이 되었다. 사람들은 작은 날개를 가진 몸통이 커다란 새들을 보았는데 도도새들은 달리거나 날 수 없었다. 이곳에서 오랫동안 아무런 방해 없이 살았기 때문에 하늘을 날아야 할 필요가 없어져서 하늘을 나는 능력도 상실해 있었다. 이 섬에는 포유류가 없었고 마땅한 천적이 없었던 것이 날개를 퇴화시킨 원인이기도 했던 것이다. 따라서 위기가 닥쳤을 때 도도새에게는 어떠한 방어능력도 없었던 것이다. 새라면 하늘을 날아야 마땅하지 않던가?

둘째, 도도새의 멸종 원인은 네덜란드 사람들이 이 섬을 죄수들의 유형지로 사용하게 되었는데 이때 죄수들과 함께 원숭이, 쥐, 고양이, 돼지들이 유입된 것이 직접적인 원인이 되었다고 보고 있다. 원숭이, 쥐, 고양이 등이 도도새의 알을 먹어 치웠던 것이다. 외래동물들은 도도새가 자신의 둥지를 땅 위에 두었기에 도도새의 알을 쉽게 노략할 수 있었고 멸종을 가속화시켰던 것으로 보인다.

세 번째 원인으로는 도도새가 너무도 유순했기 때문이다. 도도새는 사람들을 두려워하지 않았다. 처음 보는 사람들을 보고도 도망가지 않았다. 이곳에 도착한 선원들은 도도새를 한 번에 몇십 마리씩 잡았다는 기록이 있을 정도였다. 이 때문에 선원들은 도도새가 도망가지 않는 어리석은 새처럼 이 모습을 포르투칼어로 바보라는 의미의 '도도'라고 불렀다. 바보새는 이렇게 너무 착해서 멸종을 재촉했던 것이다.

도도새의 멸종은 정말 안타까운 일이다. 인간이 좀 더 세심하게 자연에 접근했었더라면 오늘날에도 도도새를 볼 수 있었을 것이다.

도도새의 멸종이 우리에게 던져 주는 영감은 매우 유익하다. 도도새가 살았던 환경은 그야말로 낙원이었다. 적이 없는 섬에서 오랫동안 살았던 도도새에게 외부로부터 온 침입자들은 지옥의 사자들이나 다름이 없었던 것이다.

도도새는 오래도록 누렸던 평화는 도리어 도도새 자신에게서 방어력이라는 최소한의 능력도 빼앗아 갔던 것이다. 날지 못하는 새, 달리지 못하는 도도새에게 외부의 침입자들의 약탈은 너무도 잔인하기까지 했다.

삶의 이치도 이와 같다. 오래 지속되는 평화는 자랑할 것이 못 된다. 평화는 나태하게 만든다. 적당한 긴장이 없다면 그것이 가장 큰 위기다. 긴장감이 있어야 한다.

또한 평화를 지킬 수 있는 최소한의 능력이 있어야 한다. 오래 지속되고 있는 평화가 지닌 함정에 빠지게 된다면 그것이 오히려 화가 될 수 있다. 평화로울 때 미래를 준비해야 한다. 최소한의 평화를 지킬 능력은 빼앗기지 말아야 한다. 때로는 하늘을 나는 연습도 필요하다. 날개를 다치게 될지라도 부단히 하늘을 나는 연습을 해야 한다. 무뎌진 부리도 계속 다듬을 필요가 있다. 매일매일 무뎌진 부리를 다듬어야 한다. 평화란 평화를 지킬 능력이 있을 때에만 지속될 수 있기 때문이다.

21. 성공하게 되는 것을 두려워하라

인간의 문명과 역사를 살펴보면 문명은 고통, 고난을 통과하면서 더불어 도전과 창조적인 응전으로 역사를 발전시켜 나가는 과정으로 진행된다. 도전과 창조의 과정을 통과하면서 문명은 성장하게 되는 것이다. 그러다가 문명이 쇠퇴기로 접어들 때에는 고통이나 외부로부터 도전을 피하게 된다. 이때는 풍요로움과 쾌락에 빠져들게 된다. 쇠퇴하는 문명은 풍요로움과 쾌락, 그리고 자기파괴, 자기비하로 이어지게 되고 결국은 소멸의 길로 접어들게 되는 것이다.

풍요로움과 쾌락은 인간이 추구하는 목적 가운데 하나다. 그러나 그 쾌락 안에 안주해 버리면 자기 문명을 파괴하고 마는 결과를 가져오게 된다. 사람도 그렇다. 성공하게 되면 쾌락을 누릴 수는 있다. 그러나 쾌락은 위기를 함께 몰고 온다는 사실을 기억해야 한다.

개인에게 있어서도 성공은 목표이자 왕관이다. 그러나 역으로 보자면 성공은 분명히 함정이다. 목표로 설정한 성공을 이루고 나면 예리했던 이성과 판단력이 무뎌진다. 뜨거웠던 열정은 빛을 잃는다. 낡은 습관의 늪에 빠지게 되는 것이다.

이처럼 성공은 아이러니하게도 사람을 주저앉게 만들고 퇴보하게 만든다. 성공은 자기 파괴의 함정으로 서서히 몰아간다. 더 이상의 모험이나 도전은 사라지고 오로지 자기 파괴적인 행동, 즉 쾌락과 달콤함에 중독되어 간다.

이 때문에 성공한 사람들이 도리어 위험에 빠지게 된다. 하버드의대 심리학자인 스티븐 버글래스에 의하면 성공한 사람들이 겪는 '성공증후군 the Success syndrome'을 다음의 네 가지로 분류하고 있다.

첫째는 Arrogance(거만)다. 성공한 사람은 성공에 도취되어 거만한 행동을 하게 되고 주위 사람들과의 관계에서 멀어지게 된다. 예전에 겸손했던 모습을 더 이상 발견할 수 없게 된다.

둘째, painful feeling of Aloneness(외로움의 고통)이다. 성공한 사람은 성공을 이뤘음에도 불구하고 지독한 외로움 속에 빠져 들어가게 된다. 주변의 누구도 자신의 외로움의 진면목을 이해하려 들지 않는다. 이때마다 외로움은 커져만 간다.

셋째, destructive Adventure Seeking(파괴적인 모험추구)다. 성공한 사람은 결국 자기 파괴적인 이상행동을 하게 된다. 성공한 사람이 할 행동이라고는 상상도 못할 자기 파괴적인 모험을 즐기게 된다.

마지막으로 넷째는 Adultery(간음)이다. 성공한 사람은 성적 탐닉의 늪에서 헤어 나오지 못하게 될 확률이 높다. 때로는 성 중독증에 이르게 하는 경우도 있다. 성공의 전리품처럼 성에 대한 탐심을 부리게 된다. 이 모든 것이 성공한 사람들이 겪게 되는 성공증후군들이다.

성공을 하면 행복감도 높아지지만 동시에 무력감도 함께 찾아온다. 사업이든, 일이든, 시작할 때의 첫 마음을 지킨다면 성공을 해도 위험성은 확연히 줄게 될 것이다. 그러나 처음 시작할 때의 첫 마음을 성공한 이후에도 지키기란 결코 쉽지 않다. 결국 힘들여 쌓은 공든 탑을 한순간에 무너트릴 수 있는 것이 바로 성공이다.

어떻게 하면 성공한 후에도 위기관리를 잘할 수 있을까? 마음을 지킨다는 것은 결코 쉽지 않다. 인간의 마음이란 각성상태로 나아가기보다는 둔감함 내지 무감각의 방향으로 나아가려는 성질이 있기 때문이다. 자꾸 처음의 기억들은 흐려지고 잊어지는 경향이 있다.

웰스(Wells)의 '무덤'이란 단편소설에는 인간의 마음에 관한 이야기를 전해 주고 있다. 그의 소설은 인간의 마음이 얼마나 얄팍한지를 보여 주는 이야기다. 이 소설이 보여 주는 것처럼 인간의 마음은 매우 간사하다. 간략하게 그의 이야기를 들어 보자.

인도의 한 왕이 결혼한 지 1년 만에 아내를 병으로 잃었다. 슬픔을 견딜 수 없었던 왕은 왕비의 기념물을 세우기로 작정했다. 늘 아내와 함께 있기를 원했던 왕은 우선 왕비의 무덤 동쪽에 그리고 자신의 모습한 동상을 세워 놓았다. 한 해가 지났을 때 그것만으로 부족함을 느꼈던 왕은 무덤 서

쪽에 왕가를 상징하는 호랑이 동상을 세워 놓았다.

1년 후에는 아내의 영혼을 위로하기 위해 호화로운 별장과 자신의 권력을 상징하는 웅장한 성을 세웠다. 마침내 왕은 맞은편 동산에 올라가 왕비의 무덤을 내려다보았다. 웅장한 성과 호화로운 별장, 정교한 동상……몇 년에 걸친 공사 끝에 만든 건축물은 무척 만족스러웠다. 그런데 중심에 위치한 무덤이 자꾸만 눈에 거슬렸다. 그래서 신하들을 불러 명령했다.

"저 무덤을 당장 치워 버려라"

왕은 죽은 아내보다는 건축물에게만 신경이 쓰였던 것이다. 왕은 이제는 죽은 아내를 마음으로 기억하지 않고 있었다. 이것이 인간의 마음이다. 아내를 잊었던 것이다.

처음에 왕은 죽은 아내를 영원히 잊지 못할 것처럼 생각했지만 겨우 1년이 지나면서 마음은 뒤바뀌고 말았던 것이다. 시간이 흐르면서 죽은 사람에 대한 기억은 지나간 과거에 멈춰 버렸다. 왕에게 지금 필요한 것은 아름다운 건축물뿐이었다.

이처럼 인간의 기억이라는 것은 흐려지는 경향성을 갖고 있다. 시간이 흐르면서 처음의 마음은 사라지고 빈껍데기만 남게 된다. 마음은 점점 무뎌져 간다. 첫 마음을 지키기란 어려운 것이다. 시간에 의해서 부식되는 것이 인간의 마음이다.

22. 1400년 된 기업에서 배워라

변하지 않는 순수한 마음과 열정을 찾아보기가 어려운 시대를 살고 있다. 기업도 처음의 창업정신을 이어받아 명맥을 이어가는 기업을 발견하기란 그리 쉽지 않다.

매킨지 컨설팅 보고서에 의하면 기업의 평균 수명은 지난 한 세기 동안 놀라운 속도로 줄어들고 있다. 1935년 90년이었던 기업의 평균 존속 연도가 20년 만인 1955년에는 45년으로 절반이 줄었고 1975년에는 다시 30년까지 떨어졌다. 지난 1995년에는 22년까지 내려왔다.

앞으로의 기업 평균수명의 전망은 15년으로 줄어들 것으로 예상하고 있다. 이 통계가 말해 주듯이 기업의 수명이 짧아지는 것은 결국 기업의 창업정신이 일관되게 지켜질 수 없고 따라서 창업정신 또한 퇴조할 수밖에 없음을 보여 주는 증거이기도 하다.

그러나 현대 기업의 수명이 짧아지는 것과는 대조적으로 1400년의 역사를 이어 온 장수기업도 있다. 일본의 공고구미(金剛組, 구미는 건설 회사를 뜻하는 일본어)라는 회사가 이러한 장수기업이다. 1400년 된 기업이라니? 정말 이것이 가능한 기업일까?

먼저 공고구미의 역사를 간략하게 살펴보자 일본서기 수이코(推古)편에 의하면 "이해에 사천왕사(四天王寺)를 나니와 (難波)의 아라하카(荒陵)에 세우기 시작했다"라고 기록했다. 이해란 서기 593년으로 수이코 여왕의 즉위 연도를 말한다.

따라서 이 기업은 세운 지가 무려 1400년이 흘렀음에도 여전히 오사카시내 한복판에 기업이 자리 잡고 있는 것이다. 이 기업의 창업자는 586년 쇼토쿠태자의 초청으로 백제에서 건너온 공고 시게미츠(金剛重光. 한국명 유중광)다. 유중광은 본관이 전주인 문화유씨의 백제인이었다.

1400년 전에 창업한 공고 시게미츠가 현재까지 운영되고 있다는 사실은 놀랍기만 하다. 현재 공고구미 기업을 이끌고 있는 공고 마사카즈 사장은 공고 시게미츠의 40대 후손이다.

공고구미는 서양에서 가장 오래된 기업으로 알려진 1369 년에 창립된 이탈리아의 금세공회사 토리니 피렌체보다 무려 800년이나 앞선 기업이다.

미 시사주간지 타임은 몇 년 전 커버스토리 '아시아의 가족기업'에서 일본 건축 회사인 공고구미를 세계 최고(最古)기업이라 소개한 적이 있다. 타임지가 말하는 1400년을 이끌어 온 건설회사의 비결은 무엇일까?

타임지에 의하면 공고구미의 비결은 한번 만든 건축물은 대를 이어 품질에 대해서 책임을 질 만큼 기본에 철저한 기업이었다. 또한 시대변화에 능동적으로 대처해 왔다는 점이 특징이었다. 이 회사의 가장 큰 특징은 어떤 공사를 맡아도 기본에 충실하다는 점이 비결이다.

1400년의 시간 속에서 쌓여 온 기술 축적만큼이나 기본과 원칙에 충실한다는 경영철학이 공고구미가 살아남은 비결이라고 하겠다.

공고구미는 본사 사옥 4층에 사장의 가정집이 있다. 사장의 집이 그 자리에서만 1400년간을 지켜 왔다고 한다. 이처럼 공고구미가의 경영철학은 사장은 언제나 현장에 있어야 한다는 점을 강조해 오고 있다. 현장을 떠난 사장과 그 기업은 오래가지 못한다고 생각했다. 따라서 현장을 지킨다는 평범한 진리를 실천하고 있는 것이다. 이처럼 1400년을 한자리에서 생활해 오고 있는 기업인가의 집념어린 철학이 돋보이는 부분이다.

또한 공고구미의 공사 현장에는 술병이 굴러다니지 않는 것으로 정평이 나았다. 이것은 제32대 사장 공고 요하치로의 유언 때문이었다. 공고 요하치로는 "술을 마시지 말라"는 말을 유언으로 남겼다. 이 때문에 공고구미의 작업현장에서 직원들 가운데 술을 마시는 사람이 없다. 이 부분은 공고구미 기업에 내려오는 하나의 규칙이다. 자신들의 기술과 경험을 실수 없이 현장에서 발휘하기 위한 원칙으로 성실하게 지켜 온 것이다.

이처럼 공고구미는 기본에 충실한 기업이었다. 이 회사는 작은 것에서부터 보이는 곳보다는 보이지 않는 곳에 더 신경을 쓰기로 명성이 높다. 1400년의 시간을 지내온 공고구미에게 생존의 비결을 배우게 된다. 간단한 것 같지만 결코 간단하지 않은 기본에 충실한 기업 공고구미! 1400년의 시간을 견디며 오늘도 땀을 흘리며 성장하는 기업으로 남아 있다.

기본을 지킨다는 것이 중요하다. 기본기에 충실할 수 있는 사람이나 기업이라면 롱런할 수 있다. 문제는 기본을 중시하지 않기에 오래 가지 못하는 것이다. 언제나 기본을 지키고 있는지를 점검하라.

23. 삼진삼퇴, 리듬을 타라

고전무용에 삼진삼퇴란 말이 있다. 특히 승전무나 호남농악에서 세 번 앞으로 가고 세 번 뒤로 가는 춤사위를 일컫는 말이다.

세 걸음 앞으로 힘차게 나갔다가 세 발걸음 뒤로 살며시 물러서는 삼진삼퇴는 춤을 추되 나아감과 물러섬의 교차감이 있고 살아 움직이는 리듬을 타는 방법이다. 앞으로만 가지 않고 뒤로 물러서는 방법을 채택하고 있다.

이 삼진삼퇴의 리듬은 삶을 살아가는 현실에도 필요하다. 세 걸음은 앞으로 전진, 다시 세 걸음 후퇴의 반복이 교차하는 삶의 리듬을 따라 볼 필요가 있다. 언제나 전진만 있는 삶은 위험하다. 때로는 뒤로 물러나는 휴식과 여유도 필요하다.

그렇다고 언제나 뒤로 후퇴만 하는 삶도 위험하다. 나태하게 휴식과 여유만 찾는 삶도 위험하기는 마찬가지다. 나아감과 물러남의 균형 감각이 필요하다. 삼진삼퇴의 리듬은 삶의 균형감각을 가르친다. 나아감과 물러남의 리듬을 타 보라.

옛 선비들은 '나아감'의 '물러남'이라는 양날의 철학을 소중하게 생각했다. 선비들은 세속적인 출세만을 추구하는 전진의 철학을 견제할 요량으로 언제나 물러남의 철학을 균형추로 삼곤 했다.

앞서서도 살펴보았듯이 퇴계 이황의 삶은 중앙정부에서의 활동과 낙향을 반복적으로 행했다. 이러한 반복적인 나아감과 물러남의 리듬을 타면서 퇴계는 참여와 은거를 통해서 정신세계의 깊이를 보존하는 성장법칙을 여실히 지키고 있다고 볼 수 있다.

역사학자 토인비(Arnold Toynbee, 1889~1975)에 의하면 "문명의 발전이란 완전한 음(陰)의 상태를 새로운 양(陽)의 활동으로 이행하게 하는 충동이 반복적으로 일어날 때 가능하다"고 보았다. 완전한 음의 활동만 있든지, 완전한 양의 활동에만 빠진 문명은 쇠퇴와 소멸의 길을 밟게 된다는 것이다. 따라서 문명의 발전과 성장은 나아감과 물러감의 리드미컬한 교차가 이뤄질 때에 가능해진다. 우리의 삶 또한 명과 암, 감춤과 드러남, 해체와 재구성으로 이뤄지게 된다.

그렇기 때문에 나아가고 물러남의 리듬이 인생에서 반복적으로 일어나는 것은 부정적인 일만은 아니다. 나아감과 물러남의 리듬은 생명활동을 건강하게 만드는 중요한 리듬인 것이다. 우리는 살아가면서 이 리듬을 타라. 나아감과 물러남, 감춤과 드러남의 교차 리듬의 흐름을 잘 탈 때 삶은 열매를 맺을 수 있으며 지속적으로 성장하게 된다.

때로는 물러남이 나아감보다 더 적극적인 활동이 될 수도 있다. 물러난다는 것은 나아갈 때보다 에너지의 응집력이 훨씬 강하다. 물러나게 되면 에너지가 모이게 된다. 응축하게 되고 집약된다. 내면의 빈 통에는 에너지가 차곡차곡 쌓이게 된다.

예수는 공생애를 시작하기 전에 광야로 가서 마귀에게 시험을 받으며 지낸 적이 있다. 이 시험의 과정을 통과한 이후에야 비로소 공적인 일을 시작하셨다. 예수는 먼저 충분히 물러났다가 이후에 세상으로 나아간다.

바울 또한 공적인 활동을 시작하기 전에 아라비아 광야로 가서 3년의 시간을 홀로 보냈다. 이후 바울은 세계전도 여행에 뛰어들었고 탁월한 행적을 남기게 된다.

석가모니의 경우도 그렇다. 그는 왕족생활을 버리고 7년 동안이나 고행적인 생활을 했다. 먼저 온전히 물러남의 시간을 가졌다. 이후에 단식을 마치고 세상으로 복귀하였고 사람들에게 많은 영감을 주었다.

마호메트를 살펴보자. 그는 사람들로부터 약 15년이라는 시간을 물러난 이후에야 비로소 아라비아인의 일상적인 삶을 시작한다. 그는 다시 '헤지라' 사건으로 인해서 도망자 신세가 되고 메카를 떠나야만 했다. 그 후로 7년간의 물러남과 휴식기의 시간을 보낸 뒤에야 되돌아와 메카의 지배자로 등극하게 된다.

분명 이들에게는 공통점이 한 가지 있는데 이들은 모두 물러섬과 나아감의 비밀을 모두 알고 있었다는 사실이다. 물러나고 나아갈 줄 아는 사람만이 세상에서 진정한 드러냄의 자격을 얻을 수 있다. 나아가기 위해서는 먼저 뒤로 빠지는 물러남의 리듬을 타라. 물러나게 된다면 다시 나아가게 될 것이다. 잠시 뒤처지는 것에 대해서 결코 염려하지 말아야 한다. 지금의 물러남이 이후에 더 큰 열매의 촉매제가 되어 줄 것이기 때문이다.

24. 물러남이 오히려 약이 된다. 마키아벨리

메디치 가문의 복귀로 관직을 잃고 정치적 시민권을 빼앗긴 니콜로 마키아벨리(Niccolo Machiavelli, 1469~1527)는

1513년 피렌체를 떠나 산탄드레아 시골집으로 은거한다. 그는 장관직을 박탈당했고 이어서 투옥과 고문의 쓴잔을 마셔야만 했다. 다행히 죽음만은 모면하고 피렌체의 한적한 시골에 칩거하게 된다.

이때부터 마키아벨리는 고독한 삶을 살아야만 했다. 그는 고독 속에서 책을 읽어 내려갔다. 오직 책이 유일한 친구였다. 물러날 수밖에 없던 상황에서 독서는 그의 생각을 깊게 만들어 주었다. 그는 저녁이 되면 집에 돌아와 서재에 들어갔다. 마키아벨리는 이렇게 이 기간에 대해서 기록하고 있다.

"저녁이 오면 나는 집으로 돌아와 서재로 들어가네. 문 앞에서 온통 흙먼지로 뒤덮인 일상의 옷을 벗고 관복으로 갈아입지. 예절에 맞는 복장을 갖추고 나서 옛사람들이 있는 옛 궁정에 입궐을 하는 셈일세."

말하자면 그에게 독서는 엄숙하고 경건한 책읽기였다. 책을 읽기 위해서는 먼저 옷부터 갈아입었다. 그가 책 속에서 만난 사람들은 주로 옛 로마인들이었다. 그는 고전을 집중적으로 읽었다. 그에게 고전 읽기는 유쾌한 만남 그 이상이 되었다. 그는 말한다. "그곳에서 나는 그들의 따뜻한 영접을 받고, 오직 나만을 위해 차려진 음식을 맛보면서, 그들과 스스럼없이 이야기하지." 그렇다. 책읽기를 통해서 옛사람들과 동시대인처럼 대화하기 시작했다.

이렇듯 마키아벨리에게 은거와 책읽기는 거짓 없는 만남

이었고 흥겨운 대화였고, 몰아적인 체험을 갖게 된 계기였다. "이 네 시간 동안만은 나는 전혀 지루함을 느끼지 않네. 모든 고뇌는 잊히고, 가난도 두려워하지 않게 되며, 죽음에 대한 공포도 느끼지 않게 되지. 그들의 세계에 전신전령으로 들어가 있기 때문이라네."

마키아벨리에게 은거의 시기는 오히려 자신의 정신적 저수지를 깊게 만든 계기가 되었다. 한눈팔지 않고 독서에만 매진할 수 있었다. 만약 마키아벨리라는 인물에게 은거의 시간이 없었다면 군주론이라는 걸작은 세상에 나오지 못했을 것이다.

마키아벨리가 이때 쓴 자신의 '군주론'은 자신이 활동했던 때보다도 책 한 권으로 세상에 더 많은 영향력을 끼치는 계기가 되었다. 그는 정치의 현장에서도 이룰 수 없었던 일들을 책 쓰기의 저작활동을 통해서 이루게 된 것이다.

이것은 그의 고뇌와 좌절의 은거생활이 만들어 낸 승리라고도 할 수 있다. 그가 고뇌와 좌절 속에서 써 내려간 정치철학의 작품들은 '군주론', '로마사론', '전술론', '피렌체사' 등으로 이후에도 세계에 꾸준한 영향력을 미치게 된다.

따라서 우리 삶에서도 마키아벨리처럼 은거의 리듬을 받아들여라. 마키아벨리에게서 배우듯이 삶은 때론 좌절을 맛볼 수도 있다. 모진 고문과 투옥 생활 속에서 은거해야만 했던 마키아벨리 자신은 모든 에너지를 저작활동에 쏟아

부었다. 이 물러남과 저술 활동은 이후 세상에 큰 파장을 일으킨 것이다. 그가 활동할 때보다도 더 막강한 영향력을 미치게 되었다. 이것이 오늘날의 마키아벨리를 세상이 기억하게 된 결정적 계기가 되었음을 잊지 말아야 한다. 그것은 물러남이 마키아벨리에게 준 선물이었다.

25. 그냥 내버려 둬라

여름날 비가 내린 후 길가의 풀들은 서로 경쟁하듯이 웃자라기 시작한다. 하지만 길 위에서 자리 잡은 잡초들이라면 사람들의 발길 때문에 잘 자라지 못한다. 차들이 자주 다니는 도로 한 귀퉁이에 자리 잡은 잡초라면 더더욱 자라지 못하고 앉은뱅이가 된다. 이렇게 차든 사람이든 빈번하게 드나들게 되면 어떤 식물도 잘 자라지 못한다.

식물이 잘 자랄 수 있는 곳이란 사람들의 발길이 잘 닿지 않는 곳이어야 한다. 아이러니컬하게도 이끼가 자라는 곳은 축축하고 눅눅한 곳, 어두컴컴하고 소외된 곳이다. 이렇게 사람들이 주목하지 않는 곳에서 식물은 잘 자라난다. 사람이 잘 주목하지 않는 곳에서 식물들은 약동할 수 있는 힘을 모으고 에너지를 흡입하며 성장해 간다.

하지만 사람들에게 빈번히 노출되고 몰려드는 곳이라면
식물이 잘 자라는 것을 기대하기는 어렵다. 빈번한 노출은
식물의 빈약한 성장으로 이어진다. 오히려 사람들의 눈에
띄지 않는 외진 곳에서는 세상을 놀랠 만한 식물들의 성장
이 기다리고 있다.

동물도 마찬가지다. 필자는 고양이를 집에서 기른 적이 있
었다. 고양이가 새끼를 낳아서 관찰할 기회가 있었다. 새끼를
예뻐해서 가족들이 자꾸 손을 만졌다. 그러자 고양이는 새끼
들을 사람들의 손길이 잘 닿지 않는 곳으로 옮겨 버렸다.

그렇다. 사람의 손길이 닿지 않아야 한다. 먼저 비우고
여백의 자리를 만들 일이다. 꽉 채우고 몰려다니는 길이라
면 더 이상 창조의 새 힘은 깃들일 수가 없다. 지금 서 있
는 자리를 조금만 비워 두라. 당신이 서 있는 자리에 사람
들이 너무 많이 몰려들어서 문제 되는 것은 아닌가 한 번
쯤 생각해 보라.

26. 조용하게 드러내라. 성 베네딕토

성 베네딕토(St. Benedict, 480~560년경)는 이탈리아의
누르시아에서 태어났다. 그는 부유한 가정에서 성장한 후에

로마로 공부하러 떠났다. 그러나 도덕적으로 타락한 당시의 로마에서 회의를 느끼게 되었고 보다 의미 있는 생활을 찾기 위해 엔피데에 있는 성 베드로 성당에서 머물게 된다.

이곳에서 베네딕토는 뜻밖에 자신도 모르게 기적을 일으키게 되었고 이 소문이 널리 퍼져 나갔다. 베네딕토는 자신을 감추기 위해 남몰래 길을 떠나게 된다. 이때부터 베네딕토는 본격적인 수도생활을 시작한다.

베네딕토는 로마 동쪽의 수비아코에 있는 동굴에서 3년 동안 완전한 고립생활을 하게 된다. 이때가 그의 삶에서 가장 중요한 전환점이 되었다. 그는 동굴 생활에 들어가 기도에 몰입하는 수행 생활을 하는데 그곳에서 3년간의 조용한 고립생활을 통해서 자신의 수도의 방법들을 정리해 간다.

이 기간은 그가 앞으로 서구 사회에 막대한 영향을 끼치게 될 사회에 대한 봉사와 수도원 생활의 원리들을 발견케 되는 중요한 시간이 되었던 것이다.

조용한 고립의 시간 속에서 베네딕토가 발견한 원리들은 사람들에게는 자연스러운 권위를 지니게 만들었다. 그가 굳이 권위를 내세워 지도하지 않아도 될 만큼 영향력은 커져만 갔다. 베네딕토의 명성은 로마 귀족들까지 자녀들을 데려와 하나님을 지향하는 교육을 시켜 달라고 찾아오는 사람들도 넘쳐나게 되었다. 이렇듯 그의 조용한 고립생활은 오히려 사람들을 그에게 끌어 모으는 강력한 흡인력으로 작용하게 된 것이다.

이후에 베네딕토 자신은 정착을 결정하게 되는데 이곳 수도원이 바로 몬테 카시노였다. 베네딕토가 이곳을 선택함으로 당대에는 물론 후대에도 수도원 설립에 있어서 여러 가지 의미를 지니게 된다. 베네딕토가 수도원을 세운 장소는 중요한 도로변의 도시와 인접한 곳이었다. 비록 도시와 인접해 있지만 외부 세계와는 격리된 높은 산꼭대기에 자리하고 있었다. 이 수도원은 사람들과의 빈번한 접촉이 가능한 위치에 있지만 한편으로는 세상과 단절될 수 있는 절묘한 장소를 선택한 것이다. 베네딕토는 산 정상에 수도원을 세웠고 수도원은 모든 사람들에게 노출되었고 알려질 수도 있었다. 동시에 노출은 적절하게 통제되었고 사람들에게는 비밀스런 호기심을 유발시키기도 했다. 오늘날로 표현하자면 신비전략 마케팅이라고도 할 수 있다.

베네딕토의 이러한 철학은 그의 가르침에도 잘 드러나 있다. 그는 겸손의 길을 가르칠 때도, 수도승이 자신의 삶을 남에게 숨기는 것만이 겸손이라 하지 않았다. 진정한 수도사와 수도원의 역할이란 그 등불을 보이지 않는 창고 속이 아니라 어둠을 비출 수 있는 도시 한가운데에 놓아야 한다는 것이 그의 생각이었고 가르침이었다. 조용히 수련하는 삶도 결국에는. 세상에 빛을 드러내기 위함이라는 것이 베네딕토의 지론이었던 것이다. 결국 베네딕토는 내적인 열매들을 적극적으로 밖으로 표출하길 원했던 것이다.

베네딕토의 삶의 방법을 표현한다면 그의 삶은 조용한 방식을 택하면서도 외적인 열매는 밖으로 드러나길 원했다.

그가 이후 채택한 엄격한 수도원의 생활규칙과는 달리 외적인 열매들은 사회와 적극적으로 공유하길 원했다. 닫힌 삶이 아니라 소통하는 삶의 방식을 택했던 것이다. 그 하나의 예로 베네딕토 수도원에서 생산해 낸 농산물이나 수공예품들은 다른 세속 사람들이 판매하는 것보다는 언제나 약간 싸게 물건들을 팔았다. 사람들이 좀 더 싼 가격에 수도원의 생산품들을 구입하게 했다. 수도원에서 엄격한 노동을 통해서 생산해 낸 것들은 가격이 쌌기 때문에 일반사람들에게 인기가 높았다. 질 좋은 생산품들을 보다 저렴한 가격에 제공했기에 사람들은 수도원의 생산품들에 대해서 대단히 만족해했다. 이렇게 베네딕토는 사회와 더불어 수도원의 열매들을 공유하는 방식을 택했던 것이다.

영성신학자 안셀름 그륀(Anselm Grun, 1945~)이 지적했듯이 베네딕토가 현대 사회로 돌아온다면 "자신을 반드시 인터넷에 올리고, 자신의 대안 공동체를 언론에 알렸을 것"이다. 적어도 어떤 식으로든지 그는 세상에 존재방식을 드러냈을 것이다. 이것은 베네딕토의 엄격한 자기절제이며 동시에 자기표현의 방식이었다.

베네딕토의 이러한 창의적이며 적극적인 생각은 고요한

가운데에서 수련을 하지만 동시에 자신들의 활동을 세상에 온전히 단절하지 않고 이웃과 사회를 향해 활짝 열어 놓았다는 데 의미가 크다고 하겠다.

오늘날 교회가 자신의 영향력을 상실했다고 한탄할 일만은 아니다. 베네딕토처럼 교회는 세상의 빛이 될 방법을 찾아야 할 것이다. 조용한 삶의 방식과 그 속에서 얻어진 열매들을 사회와 공유할 수 있도록 한 베네딕토에게 지혜를 배워야 할 것이다. 고요함과 동시에 커뮤니케이션의 두 가지 방식을 균형 있게 드러낼 줄 알아야 할 것이다.

27. 시골 밤, 가로등을 꺼라

필자가 예전에 살던 동네는 한적한 시골이었다. 시골에 살다 보니 밤에 환한 가로등 불빛은 그야말로 빛 공해였다. 벼농사를 짓는 동네 분들은 가로등 불이 밝기 때문에 벼들이 여물지 못하다고 불평이 이만 저만이 아니었다. 밤에도 환히 불을 밝혀 놓으면 곡식이 자라지 못한다고 걱정을 하곤 했다.

그들은 고민을 해결할 방법을 찾았다. 가로등을 아예 끌수는 없는 노릇이라면서 가로등의 불빛을 흐리게라도 할 요령으로 가로등에다가 검은 천을 덮어씌우는 것이 대안이었다. 일반인들은 가로등 불빛이 흐리다고 불편해했다. 가로등이 흐려졌으니 어두운 밤길을 조심해서 걸어야만 했다. 저녁이 되어도 환한 빛에 익숙해 있던 필자 역시 불편한 것은 마찬가지였다.

하지만 벼들에게는 행운이었다. 해가 지고 나면 주변은 껌껌해졌다. 해가 지면 벼들도 함께 잠이 들게 되었다. 자연의 리듬을 되찾은 것이었다. 이후 벼들은 자연의 리듬을 유지할 수 있게 되었다. 그렇게 가로등에 검은 천을 감은 결과로 그해 가을 수확량은 전해보다 분명 많이 늘어나 있었다. 벼들이 잠을 제대로 잔 까닭에 수확량도 늘어난 것이다.

이처럼 사람도 밤과 낮의 리듬을 받아들이고 살아야 한다. 밤이 되면 별도 보고 달도 보고 풀벌레 소리도 들어야 한다. 밤을 진짜 밤처럼 즐길 줄 알아야 한다. 여름날이면 모깃불을 펴 놓고 넉넉한 평상에 누워서 밤하늘의 무수한 별들을 바라볼 환경이라야 한다.

밤을 대낮같이 즐기고 사는 도시의 사람들은 자연의 법칙을 어기며 살아간다. 밤을 대낮처럼 살다 보니 자연히 병이 날 수 밖에 없다. 밤을 새워 가며 술을 마시고, 춤을 추고, 일하고, 싸우고 인간만이 밤의 순리를 역행하고 있는 것이다. 밤에 해가 떨어지면 만물은 휴식을 취한다. 그러나 인간만이 쉬지 않고 일하고 떠든다.

쉴 때는 온전히 휴식을 취하는 것이 자연이 보여 주는 사람에게 가르쳐 주는 삶의 방식이다. 자연의 순리를 받아 들이고 지켜라. 자연에 역행하는 것은 자기 자신을 스스로 거스르는 행위임을 기억해야 한다. 인간도 자연의 일부분임을 잊어서는 안 되겠다.

28. 휴식하는 법을 배워라

에디슨(Thomas Alva Edison, 1847～1931)은 연구실에서 연구를 하다가도 자주 휴식을 취하러 해변으로 나갔다. 에디슨은 자신의 휴식에 대해서 이렇게 말했다. "나는 발상의 벽에 부딪치면 해변이나 강가로 나가 낚싯줄을 드리웁니다. 파도와 바람 그리고 햇볕으로부터 아이디어를 낚을 수 있기 때문입니다." 그렇다. 에디슨은 창의적 영감을 얻기 위해서 휴식을 취했다. 이처럼 에디슨의 왕성한 창작력의 비밀은 휴식에 있었던 것이다. 쉬고 싶을 때는 그냥 쉬었다. 무엇에 매이지 않고 쉬고 싶으면 편안하게 휴식을 취했다. 쉬면서 영감을 얻었다. 그는 말한다.

내가 80세가 되기까지 원기 왕성하게 하루도 쉬지 않고 연구를 계속할 수 있는 비결이란 다른 것이 아니다. 나는 쓸데없는 일로 나를 피로하게 만들지 않았을 따름이다. 앉을 수 있는 곳에서는 앉고, 누울 수 있는 곳에서는 누워서 몸을 쉬었다. 쓸데없이 몸을 일으키거나 서 있지 않았다.

이렇게 에디슨은 진정한 휴식의 방법을 알았고 종종 휴식을 취하면서 연구 성과를 최대치로 이끌어 낼 수 있었다. 적절한 휴식은 멈춤이 아니라 전진할 수 있도록 돕는 추진력인 것이다.

영국의 수상 처칠(Winston Leonard Spencer Churchill, 1874~1965)도 말하길 "내 활력의 근원은 낮잠입니다. 낮잠을 자지 않는 것은 뭔가 부자연스러운 삶을 살고 있는 것입니다."라고 했다. 많은 업무를 처리해야 했던 처칠은 낮잠을 취함으로 몸을 재충전하는 기회로 삼았던 것이다. 휴식은 처칠에게는 꼭 필요한 쉼의 공간이었던 것이다.

쉴 때는 꼭 쉬어라. 자신의 몸보다 더 중요한 것은 없다. 아무리 경제적 생활이 어렵다고 해도 휴식이 필요하다면 쉬라. 돈보다 더 중요한 것이 자신의 몸이기 때문이다. 몸이 병들면 영혼도 병들게 된다. 한 번 병든 몸과 영혼은 회복되기까지 오랜 시간과 돈을 필요로 한다. 무엇보다 예방이 중요하다.

필자가 병원에서 만난 이윤미(가명) 씨는 남들이 부러워하는 좋은 직장에 다니고 있었다. 그녀는 며칠 동안 밤을 새워 가며 야근을 했다. 어느 날 긴급하게 처리할 일이 있었고 성실했던 그녀는 날을 새워 일을 했다. 몸은 피곤했고 눈은 충혈된 상태였다. 쉬어야만 했다.

과로를 하고 며칠이 지난 뒤 새벽이 되어서 일을 마친 이윤미 씨는 피곤한 몸을 이끌고 차를 몰고 집으로 돌아오는 길이었다. 일 때문에 무리를 한 것이 결국은 화근이 되었다.

그녀는 집에 도착하기 10분 전에 깜박 졸고 말았다. 잠시 졸음을 이기지 못한 순간 큰 사고로 이어졌다. 차가 전봇대를 들이박고 멈춰 섰다. 이 사고로 인해서 그녀는 허리에 심한 충격을 입었다. 사고는 몇 번의 수술로 이어졌다. 수술을 마치고 병상에 누워 있을 때 그녀가 힘없이 내게 말했다.

"그때 쉬었어야 하는 건데, 제가 너무 무리를 했어요. 너무 후회스러워요."

이윤미 씨가 눈물을 흘리며 말했다.

이윤미 씨가 정상적인 몸의 상태로 회복되기까지 상당한 시간이 걸렸다. 그때 무리하지 않고 휴식을 취했더라면 좋았을 것을 쉬지 않고 일한 결과의 대가는 너무 컸다.

몸을 다친 그녀는 마음까지 조금씩 병들어 갔다. 심한 우울증이 그녀에게 찾아온 것이다. 예전에 건강했던 자신의 몸이 아니었다. 그녀는 남들의 도움을 받아야 조금씩 걸을 수 있다는 현실을 받아들이기 어려웠다. 허리에 통증은 산발적으로 찾아와서 그녀를 더욱 괴롭혔다. 종종 자신이 환자가 되어 버린 현실을 믿기가 어려웠다.

"남들은 이 정도면 다행이라고 하는데 저는 괜찮지가 않아요. 제 모습을 보고 있는 것만으로도 너무 힘들어요."

이윤미 씨는 다친 몸 때문에 마음에도 큰 상처를 입었다. 상처 입은 마음을 고치기까지는 더 오랜 시간이 흘러야만 했다. 다행히 지금은 건강을 되찾은 상태다.

우리 모두 파스칼(Blaise Pascal, 1623~1662)의 말을 기억하자. "인간의 모든 불행은 단 한 가지, 고요한 방에 들어앉아 휴식할 줄 모른다는 데서 비롯한다."

쉴 때는 쉬어야 한다. 돈보다 그 무엇보다 중요한 것이 자신의 몸이다. 쉴 때는 과감하게 쉬라. 그것이 자신을 사랑하는 길이며 삶을 소중하게 여기며 사는 길이다.

29. 자연에서 휴식하라

도심 속에도 자연이 연출해 내는 절대 녹지 공간이 필요하다. 천만 인구가 살아가는 서울에는 녹지 공간이 부족한 것이 사실이다. 사람은 녹색과 가까워야 한다. 사람은 녹색의 자연과 가까이 있을 때에 가장 건강하다. 요즘 전원생활에 관한 동경의 심리가 확산되고 있는 것도 자연과 가까이 하고 싶은 도시인들의 지친 마음을 잘 반영해 주는 하나의 현상이다.

하지만 도시를 떠날 수 없다면 도시 속에 자연의 공간을 잘 활용할 수 있어야 한다. 도시 속에서 자연을 만날 수 있어야 하고 그러기 위해서는 도심 속의 녹지공간을 늘려 나가야만 한다.

뉴욕에는 센트럴 파크가 있다. 한번은 센트럴파크에 관한 신문 기사를 읽은 적이 있었다. 기사의 내용은 뉴요커들이 정신병에 걸리지 않는 이유는 센트럴파크에 있다는 주장이었다. 이 기사의 눈에 띄는 내용은 이러했다.

"세상에서 가장 복잡한 도시 뉴욕. 세계 제일의 돈벌레 (펀드매니저)들이 잠 못 드는 도시 뉴욕. **이곳에 사는 뉴요커들이 정신병에 걸리지 않는 이유는 단 하나, 도시 한복판에 센트럴파크가 있기 때문이다.**"

이 기사는 센트럴파크, 즉 뉴욕에 있어서 허파와 같은 역할을 감당해 내고 있는 도심지역의 녹지 공원의 중요성을 말하고 있었다. 24시간 돈만 생각하는 돈벌레들도 건강하게 사는 이유가 다름 아닌 센트럴파크에 있었다는 주장에 잠시 곰곰이 생각하게 되었다.

센트럴파크가 가지고 있는 자연의 혜택에 대해서 미국인들은 잘 알고 있다. 따라서 신흥부호들이 센트럴파크에서 1

분 거리에 있는 타임워너센터에 가장 살고 싶어 한다.

뉴욕과 같은 대도시에도 센트럴파크가 버티고 있는 이상 뉴요커들은 정신적으로 건강함을 유지할 수 있다. 아무리 바쁘게 살고 한 가지에 집착하며 살아가는 뉴요커들이라도 그들은 여전히 건강하다. 그렇다. 풍부한 녹지공간은 절대적으로 필요한 공간이다. 사람은 자연 속에서 가까이 지낼 때에만 건강을 지킬 수 있다. 자연이 주는 보이지 않는 정신적 풍요로움은 이루 말로 할 수 없을 정도다.

필자도 스트레스가 쌓이게 되면 의식적으로 자연을 가까이하려고 노력하고 있다. 힘든 중압감이 생겨도 반나절 동안 걷거나 한적한 장소를 찾아 쉬게 되면 피로와 스트레스가 사라지는 것을 수없이 느껴 왔다.

그렇다. 우리는 자연과 가까이하는 할 수 있는 건강한 도시환경을 만들어 가야 할 것이다. 자연은 우리에게 가장 큰 정신건강의 보고임에 틀림이 없다.

30. 속도 내는 법을 배워라. 카라얀

헤르베르트 폰 카라얀(Herbert von Karajan, 1908~1989)에 대한 평가는 양극으로 갈린다. 그의 음악세계를 좋아하는 사람도 있고 카라얀의 경력과 그의 스타일을 싫어하는 사람도 있다. 하지만 분명한 것은 그의 음악은 속도에서 나왔다는 사실이다. 그는 분명 '속도광'이었다. 그의 속도에 대한 사랑은 음악적 특성 속에 잘 녹아 들어가 있다.

그의 음악적 특징을 이해하기 위해서 먼저 카라얀의 삶 속으로 들어가 보아야 한다. 카라얀 자신의 스위스 산장에선 스키를 타며 속도 속으로 빠져들어 갔다. 남프랑스 별장에서는 요트와 수상스키를 즐겼다. 그가 즐기는 것은 모두 '속도'와 관련된 스포츠며 취미가 전부였다.

이렇게 카라얀의 평생 화두는 '속도'에 있었다 해도 과언은 아니다. 그의 음악 세계는 속도와 리듬을 중심으로 이루어져 있었다. 그는 지휘자에게 필요한 것은 템포와 리듬이라고 생각했던 것이다. 그는 이렇게 말했다.

나에게는 지휘봉 기술에 대한 지론은 없습니다. 지휘봉이건 연필이건 무슨 상관이 있습니까. 내 손목을 양옆구리에 묶어 둔다고 해도 오케스트라는 박자를 맞추어 나갈 것입니다. 나는 학생들에게 이렇게 가르칩니다. '너희들 자신이 템포와 리듬을 느껴라 그러면 오케스트라도 그것을 느낄 수 있을 것이다.' 도해(圖解)니 뭐니 하는 따위를 나는 믿지 않습니다.

이처럼 그는 템포와 리듬을 음악의 중심부에 올려놓았다. 그는 70을 넘긴 나이에도 한적한 시골길을 240km/h로 달리면서 스피드를 즐겼다. 일흔의 나이에 스포츠카를 몰고 다니는 모습이라니? 분명 평범한 사람은 아니다. 그는 페라리 스포츠카를 몰고 다녔다. 속도를 즐기는 일이라면 무엇이든 했고 직접 참여했다.

그는 자가용 제트비행기도 직접 조종했다. 베를린 필하모닉과 순회 연주를 떠날 때에도 비행기를 타고 떠났다. 그가 말했다. "태평양을 단신으로 조종해 횡단하고, 그리고 그다음은 히말라야 상공을 날면서 하늘에서 죽는 것이다."

그가 이토록 속도에 집착한 이유는 그의 음악세계에서 찾을 수 있다. 그에 의하면 지휘를 하는 지휘자의 능력은 말을 모는 마부와 같아야 한다고 말한다. 카라얀에 의하면 지휘자는 세심하게 조율된 고삐로 말의 능력을 끌어내어 달리게 하는 능숙한 마부와 같은 존재라고 생각했던 것이다.

> "오케스트라의 지휘는 마치 여러 마리가 끄는 마차를 모는 일과 같습니다. 함부로 고삐를 당기는 일은 위험천만입니다. 말의 잠재 능력을 살려 내지 못하는 소치이기 때문입니다. 말을 오른쪽으로 가고 싶도록 동기를 부여하지 않으면 안 되는 것입니다."

그에 의하면 속도를 줄이기보다는 속도를 내되 방향을 잘 잡아 주는 역할을 하는 사람이 지휘자의 역할이었다. 따라서 카라얀은 자신만의 속도의 세계 안에서 쉬고 놀았다. 카라얀의 이러한 속도를 중심으로 한 휴식과 놀이는 그의 음악세계를 형성하는 데 가장 핵심적인 역할을 한 것이다.

이처럼 자신의 음악세계를 구축하기 위해서는 속도와 관련된 취미만을 고집했던 카라얀이었다.

우리에게도 창의력과 상상력을 얻고자 한다면 자신만의 취미 세계가 있어야 한다. 혼자서 놀고 쉬는 공간이 필요하다. 자신만의 독창적인 정신세계를 만들고자 한다면 자기 정신이 쉴 수 있는 공간을 먼저 배려해야 한다. 성인이 되어도 여전히 쉼터로서의 놀이터는 필요하다. 재미있게 놀지 못하면 창의력이 떨어질 수밖에 없다. 창의적이 되려 한다면 먼저 재미있게 놀아라. 신나게, 미친 듯이 놀이를 즐기게 될 때 창의력도 분출하게 될 것이다.

31. 휴식과 긴장은 하나다

필자는 가끔씩 산에 간다. 좀 멀긴 하지만 지리산을 좋아해서 가끔씩 시간을 내어 가기도 한다. 요즘은 집에서 가까운 곳으로 산행을 다닌다. 필자가 사는 곳은 산이 제법 많다. 주변에는 광덕산이 있고 백제의 고성(古城)인 금성, 이성 작성으로 이어지는 운주산성이 자리하고 있다.

그중에서도 필자가 좋아하는 장소는 사람들에게는 잘 알

려지지 않은 제법 깊이 들어가 있는 임도(林道)다. 나무를 채집할 목적으로 만든 임도를 따라서 걷다 보면 낯선 풍경들을 만나게 된다. 가끔은 고라니, 산토끼, 그리고 하늘을 날고 있는 솔개를 만나기도 한다. 하지만 이 산길에서 사람을 발견한다는 것은 거의 불가능하다. 드물게 버섯이나 약초를 캐러 들어오는 사람이 있을 뿐 인적이 끊긴 곳이다.

필자가 산을 찾는 이유는 휴식을 취하기 위해서다. 내게 있어서 휴식이란 홀로 있는 시간이다. 홀로 걸어가며 자신과 대화하는 것, 하나님께 기도드리는 것, 자연의 아름다움을 음미하는 것, 이것이 내게 있어서의 휴식이다. 아무것도 행하거나 바라지 않고 자연 속에서 걷는 것이 내게는 휴식이다.

홀로 있는 휴식의 시간에는 긴장이 들어올 틈이 없다. 그저 여유로울 뿐이다. 사실 휴식을 취한다는 것은 쌓인 긴장을 푸는 일이기도 하다. 긴장이 만들어 내는 분위기는 팽팽하고 까칠하다. 지속적으로 긴장하게 되면 분위기가 팽팽한 실과 같아져서 언제 끊어질지 모른다. 그러나 자연 속에 머물게 되면 팽팽한 긴장감은 느슨한 줄처럼 늘어진다.

깊은 산 속에 오래도록 머물면 자연이 만들어 내는 경이로운 모습들이 눈에 들어온다. 내가 다니는 산속 길을 따라 정상에 오르면 차령산맥의 한 중심에 서 있는 느낌을 받는다. 망망한 바다 위에 홀로 떠 있는 느낌을 받는다. 수많은 섬들이 고개를 내밀고 서 있듯 낮은 구름들의 무리는 서서

히 지나간다. 저 멀리 첩첩이 중첩된 산들의 무리는 그 끝
이 보이질 않는다.

이렇게 몇 시간을 자연 속에서 머물다가 돌아오면 긴장
감이나 피로는 사라지고 없다.

휴식을 취하는 방법은 모두가 다를 수 있다. 한 가지 분
명한 것은 잘 쉬고 나면 이후에 활동하는 데 있어서 훨씬
수월해진다는 데 있다. 생각이 명료해지고 불평은 눈에 띄
게 줄어든다. 잘 쉰 덕분이다. 휴식을 취하는 데 인색하지
말자. 쉴 때에는 과감하게 휴식을 취해야 한다.

32. 물을 채워라

서경(書經)에 보면 "물이 말라 없는데 배를 띄운다(罔水
行舟)"는 구절이었다. 물이 다 빠져 버린 곳에서는 배를 띄
울 수 없는 노릇이다. 메마른 곳에서는 배는 무용지물이다.
물이 없으면 배는 사용할 수 없는 애물단지일 뿐이다. 그런
데도 배를 띄우려 한다면 문제가 있다.

만약 배를 띄우기 원한다면 물이 들어올 때까지 인내를
가지고 기다려야 한다. 먼저는 물이 차야 배를 띄울 수 있
다. 물이 제법 차게 되면 배를 띄울 수 있다.

물이 줄고 강줄기가 메마르면 배는 무용지물이다. 한 치 앞도 나아갈 수가 없다. 물이 처음이요 마지막이며 핵심이다. 물이 빠진 강줄기에는 아무도 통행할 수 없다.

물은 정신적 여유로움과 넉넉함을 창조해 내는 상징이다. 물은 여유로움을 주고 상상력과 창의력을 가져다준다. 여유, 풍요로움, 휴식은 정신적 깊이를 더해 주는 요소가 물이다. 따라서 깊은 물이 자신의 정신세계에 흐르도록 해야 한다.

배를 띄우듯이 충분히 마음과 정신에 물을 채우자. 큰 배를 띄우기 위해서는 많은 물이 필요하듯이 정신적 깊이가 있을 때에만 창조적인 뱃길의 운행이 가능하다. 물이 많아지면 배가 통행이 가능해지듯 정신세계에도 깊이가 확보되었을 때에만 창조적인 물길이 생기며 큰 정신의 흐름이 가능한 법이다.

정신세계를 풍요롭게 만드는 물줄기는 여행이나 산책, 그리고 자연을 가까이하는 동안에 한결 더 깊어지게 된다. 홀로 즐기며 천천히 생각할 수 있는 환경이야말로 정신의 폭을 깊게 만드는 쟁기질이라고 할 수 있다.

누구나 정신을 깊게 만들려거든 먼저 정신의 물길을 만들어 보라. 큰 배가 거뜬히 다닐 수 있도록 깊은 물길을 마음속에 내어 보라.

33. 정신의 숲이 커야 큰 짐승이 나온다

숲이 커야 큰 짐승이 활보할 수 있다. 큰 숲에서 큰 짐
승이 나오는 법이다. 사람도 그 활동 무대가 커야 큰 인물
이 나올 수 있다. 작은 숲과 작은 무대에서는 큰 인물은
나오질 않는다. 호연지기를 지닌 인물이 나오기를 원한다면
자신이 처한 환경과 배경을 다시 한 번 살펴보아야 한다.
자신의 숲이 큰지 작은지를 확인해 봐야 한다.

사람이 활동하는 배경과 자라 온 환경은 그 사람의 내면
세계와 무의식의 세계를 지배하는 경향이 뚜렷하다. 자신이
살아가고 있는 주변의 자연환경은 자기 내면세계에도 영향
을 미치기 때문이다.

자연환경은 그 사람의 마음과 성품에 영향을 준다. 따라
서 우리가 살아가는 주변의 자연환경을 무시할 수는 없다.

산이 발달한 지역에서는 성품이 굳센 인물들이 많이 나
온다. 산을 보고 자란 사람들은 자기가 바라봤던 산처럼 의
지가 굳세져 간다.

반면에 평야지역에서 자란 사람은 성품이 너그럽고 풍류
가 무엇인지를 아는 인물들이 많이 나온다. 평야지역은 식
량이 넉넉하기 때문에 성품은 너그러워지고 여분의 에너지
를 밖으로 넉넉하게 표출하기 마련이다.

이처럼 사람은 자신이 자라난 곳의 자연환경과 무의식의 세계가 닮아 있기 마련이다. 자연환경의 스케일이 큰 지역의 사람은 큰 자연의 대범함을 닮는다. 미국인들은 그랜드 캐니언이라는 어마어마한 자연의 스케일을 보았기 때문에 우주에 도전할 대범함을 갖게 되는 것인지도 모른다. 중국인들은 태산을 보고 배우고, 양쯔강의 흘러가는 물줄기를 보고 자라기 때문에 세상의 중심은 자신들이라고 생각하며 살고 있다.

반면에 우리 한국이 지닌 자연의 환경이라는 것은 미국이나 중국의 자연에 비하면 너무 왜소한 것이 사실이다. 한국의 자연환경처럼 한국인들의 생각도 크지 못하다.

함석헌(咸錫憲, 1901~1989)은 조선의 약점을 이렇게 설명했다. "날카롭지 못하다. 규모가 크지 못하다. 맑은 건 좋은데 바닥이 너무 들여다보이고, 밝은 건 다행인데 엉큼한 데가 너무 없다. 이름도 조선이다." 이렇듯이 조선인도 조선 땅의 자연을 닮았다.

조선(朝鮮)이란 말의 의미는 '고요한 아침'이라는 뜻으로 영어로는 "the Land of Morning Calm"이라고 부른다. 이 영어의 표기를 처음 쓴 사람은 미국의 저술가이자 동양학자, 목사였던 윌리엄 엘리어트 그리피스가 1882년에 쓴 <은둔의 나라 코리아(Corea, the Hermit Nation)>에서 처음 쓴 말이다.

이처럼, 고요하고 아름다운 아침이라는 국호를 사용하는 나라가 조선이었기 때문에 날카롭지 못하고 남을 속이지 못하는 나라가 된 것은 어쩌면 당연해 보인다.

그러나 자연환경이 정신세계를 완전히 결정짓지는 못한다. 왜냐하면 인간은 생각하는 능력을 지닌 동물이기 때문이다. 자연환경보다 더 중요한 것은 마음의 스케일이며, 정신의 스케일이다. 그 나라의 국민의 마음이 크고 정신세계가 크다면 자연환경은 문제되지 않는다.

자연환경을 탓할 것이 아니라 한걸음 나아가 스스로 정신적 깊이와 크기를 키워야 할 것이다. 정신의 세계를 풍요롭게 만든다는 것은 자기 마음에 큰 숲을 만드는 일과도 같다. 스스로 자기 정신세계를 풍요롭게 만드는 방법을 모색해야만 한다. 스스로 만들고 스스로 자기 생각을 키워야 한다.

34. 크게 살았던 장보고를 기억하라

나라가 좁다고 살아가는 사람들의 정신까지 좁을 수는 없다. 사람은 자기 정신의 크기가 크면 자연이나 환경은 능히 극복해 낼 수 있는 존재다. 문제는 마음에 있고 정신의 크기에 달려 있다.

작은 신라 땅에서 어부의 아들로 태어난 장보고(張保皐, ?~846)는 자신의 꿈을 이루기 위해서 당나라로 갔다. 장보가 살았던 당시 신라의 자연환경과 경제, 사회는 너무도 열악했다.

신라에서는 기근이 자주 발생해서 백성들의 삶이 피폐해져 갔다. 「삼국사기」에 의하면 814년(헌덕왕6) 5월에 나라의 서쪽 지방에 큰 홍수가 나서 많은 피해를 입었고, 그 이듬해인 815년 8월에는 서쪽 변방의 주와 군에 큰 기근이 들어 도적들이 벌떼같이 일어났다.

이렇게 연속되는 홍수와 가뭄에 따라 백성들은 굶주려 갔다. 사람들의 마음은 뿔뿔이 흩어졌고 도적 떼들만이 사방에서 날뛰었다. 그러나 중앙 정부는 오히려 백성들에게 부역과 조세를 부담시켰다. 이때 백성들은 스스로 먹고살아야 할 방법을 찾아야만 했다.

신라사회는 너무도 부패해 있었다. 탐관오리들이 백성의 피를 빨아먹고 있었다. 철저한 신분제 사회였던 신라에서는 장보고처럼 천한 출신은 큰 꿈을 펼칠 수가 없었다.

만약 이때에 장보고가 신라의 자연환경이나 정치적, 사회적 환경에 순응하고 살았다면 오늘날의 장보고로 기억될 수는 없었을 것이다.

장보고는 신라 사회가 가지고 있던 고정관념에 사로잡히지 않았던 자유인이었다. 장보고는 신라가 채택한 골품제도라는 보이지 않는 노예질서를 박차고 나오기로 결심한다. 그는 당나라로 가기로 결단을 하고 810년대 초에 친구 여섯 명과 함께 당나라로 건너가는 모험을 선택한다.

장보고는 당나라에서 뛰어난 무예를 바탕으로 해적들을 소탕하면서 그곳에서 장군의 자리에까지 오른다. 이후 조직을 잘 정비할 줄 아는 기량을 바탕으로 당나라에 거주하는 신라인들을 조직화해서 현대의 한인촌이랄 수 있는 신라방으로 엮어 내게 된다. 그는 이처럼 탁월한 전략가로 성장해 갔다.

장보고의 이러한 전략가적인 정신은 세계적이었고 미래지향적이었다. 무엇보다는 정신의 크기가 컸기 때문에 가능한 일이었다. 이후 신라로 돌아온 장보고는 청해진을 설치하고 아라비아, 서역, 당나라, 일본 등과 활발한 무역을 하여 신라의 이름을 드높이기에 이른다.

신라에 돌아온 장보고는 중국 월주의 도자기 기술을 강진으로 들여왔다. 당시 최고의 도자기 기술을 보유했던 중국의 도자기 기술을 수입한 장보고의 노력은 이후 사건은 고려청자를 만들어 낼 수 있는 원동력과 배경이 되었다. 이처럼 장보고는 국가의 미래를 볼 줄 알았던 인물이었던 것이다.

장보고의 정신은 크고도 넓었다. 9세기경 일본의 승려 엔닌이 중국을 여행하고 쓴 '입당구법순례행기(入唐求法巡禮行記)'에 의하면 '전설적인 모험가이자 무역왕'이라는 묘사가 있는데 이것은 장보고를 두고 한 기록이었다. 전설적인 모험가 이전에 전설적인 꿈의 사람이었던 것이다.

좁은 땅에서 산다고 그 정신까지 좁게 할 수는 없다. 정신의 크기가 곧 자기 운명의 크기를 만들어 낸다. 환경을 탓하지는 말아야 한다. 먼저 자기 정신의 크기를 키우고 꿈을 키워야 한다. 정신세계가 크고 웅장하다면 환경은 언젠가는 극복할 수 있다. 문제는 꿈이 죽지 않아야 한다. 꿈이 살아 있다면 삶은 언제든지 지속된다.

장보고가 보여 준 대로 과감한 결단력을 가지고 새로운 가능성의 땅에 도전한다면 비천한 운명은 존귀한 운명으로 바뀌게 될 것이다. 불평하지 말고 크게 도전하라.

04

삶의 법칙에

주목하라

35. 능숙한 석공이 되어라

서툰 석공은 돌을 다룰 때 망치부터 든다. 이런 사람은 마음만 앞서다 보니 돌을 대할 때 깊이 생각할 것도 없이 망치를 먼저 든다. 반대로 능숙한 석공은 돌의 결부터 본다. 돌의 결을 먼저 보고, 머릿속으로 그림을 그린다. 어느 부분에 정을 대고 내리쳐야 단박에 돌을 쪼개고 어떤 모양이 나올지를 생각한다.

하지만 서툰 석공처럼 연장부터 들고 이리저리 뛰어다니게 되면 일은 일대로 하고 결과는 제대로 얻지 못하게 되는 것이다.

능숙한 석공이 돌의 결을 보듯이 일에 앞서 먼저 결을 보아야 한다. 어디가 핵심인지를 보고 무엇을 처리하면 한 번에 풀릴 것인가를 보는 눈을 길러야 한다. 핵심을 처리하면 나머지는 쉽게 풀리게 된다는 사실에 주목해야 한다.

또한 역사의 결을 파악하는 눈도 중요하다. 현재만 보는 눈은 어딘지 모르게 불안하다. 과거를 보고 현재를 이해하고 미래를 예측할 줄 아는 능숙한 석공의 눈으로 역사를 보는 직감력이 필요하다. 역사의 결을 보고 핵심을 파악할 줄 알아야 한다. 역사의 결을 잘못 보면 매듭은 풀어지지 않는다.

서애 유성룡(柳成龍, 1547~1607)은 임진왜란이 끝난 후, 자신의 징비록을 통해서 임진왜란의 원인을 파악했고 당시 정부의 무능을 신랄하게 비판했다. 당시 선조가 집권하던 시기의 조선 정부의 세계정세에 대한 무지를 한탄했다. 그는 한양을 버린 임금이 평양성에서마저 도망하자 백성들이 길을 막아서던 때를 회상하며 지도자의 무능을 낱낱이 기록으로 남겼다. 유성룡은 다시는 이 땅에 임진왜란과 같은 국란(國亂)이 발생하지 않기 위해서 아픈 과거를 낱낱이 기록으로 남겼다.

그렇다. 역사의 흐름을 알지 못하면 다시 실수하게 된다. 같은 실수를 하지 않기 위해서라도 역사의 흐름과 결을 보는 눈을 길러야 한다. 이것이 능숙한 석공의 조건임은 분명하다.

능숙한 석공이 되려면 부단히 자신이 세계를 바라보고 역사를 이해하는 눈을 잘 가다듬을 일이다. 자신이 보는 방식대로 사람은 믿게 되고 또 그렇게 흐름은 전개될 테니깐 말이다.

36. 작은 부분에도 주의하라. 하인리히 법칙

멀리, 넓게 보는 것도 중요하다. 하지만 때로는 작은 것을 보는 것도 필요하다. 예를 들어 보자. 대부분의 큰 사고들은 갑자기 생겨나는 것이 아니다. 오랜 기간에 걸쳐 위험 요인들은 사고의 조짐을 보이고 작은 징표들이 예시되어 큰 사고로 이어지는 순서를 밟는다.

일찍이 산업재해를 연구한 미국의 하인리히(H. W. Heinrich)는 1930년대에 노동 재해가 1건 발생했다면 이미 같은 이유로 경상을 입은 사람이 29명이고, 사고를 당할 뻔한 사람은 300명이었다는 이른바 '1:29:300' 원칙을 밝혀 냈다. 이 법칙을 '하인리히(Heinrich) 법칙'이라고 부른다.

이 법칙에 의하면 대형 사고가 일어나기 전에는 반드시 조짐이 일어나기 마련이다. 만약 대형 사고의 참사를 막으려 한다면 작은 예시들을 주목하고 수정해야 할 필요가 있다. 계속해서 사고의 예시를 무시한다면 그 결과는 심각한 타격을 가져다줄 수 있다.

일본 도쿄 대학의 타무라 요타로 교수는 <실패학의 권유>라는 책에서 그 실례를 들고 있는데 우리나라의 삼풍백화점 붕괴 사고를 하인리히 법칙으로 설명했다. 그에 따르면 삼풍백화점이 붕괴되기 전에 이미 작은 조짐들이 있었다는 것이다.

함께 생각해 보자. 삼풍백화점의 붕괴 조짐은 당일 오전 8시부터 건물 곳곳에서 균열현상에서 예시되고 있었다. 식당가가 있는 5층에서는 천장 일부가 내려앉고 바닥이 갈라져 있는 것을 식당가 직원들이 발견하고 백화점 쪽에 신고했다. 5층 옥상도 기울어졌으며 4층 바닥도 일부 침하 현상을 보였다.

위험을 감지한 백화점 쪽은 오전 10시쯤 가스안전공사에 가스 밸브 차단을 요청했고 가스안전공사는 곧 안전반원을 보내 가스 밸브를 차단했다. 오전 11시쯤 백화점 전체의 에어컨 가동이 중단됐다. 낮 12시쯤부터는 식당가 다른 영업점의 천정에서 물이 새고, 바닥이 기울어졌다. 5층 식당가에 있던 손님들이 밖으로 대피하는 소동이 벌어졌다. 붕괴 5분 전인 오후 5시 50분에는 모든 사람들이 위험을 감지할 정도였다. 이때부터 건물이 5층 왼쪽부터 아래로 기울기 시작했고 건물 안에 있던 사람들도 이를 느낄 수 있을 정도였다.

이처럼 삼풍백화점의 붕괴는 작은 조짐들이 수시로 위험을 알리고 있었지만 무시했고 결국 대형 사고로 이어졌다.

또 다른 예를 들자면 최근 10년간의 교통사고 통계를 분석해 보면 1번의 사망사고에, 30번 이상의 중경상 사고가 따랐으며, 수백 건의 교통법규 위반 사실이 있었다는 통계가 나와 있다.

또 다른 예로 숭례문 방화 사건이 일어나기 전에도 이미 크고 작은 전조적인 사건들이 일어났었다. 이미 노숙자뿐 아니라 다양한 사람들에 의해서 방화에 대한 시도가 있었고 경고했었다. 이처럼 숭례문을 두고 작은 일들이 일어날 때 미리 예방했더라면 숭례문은 지금까지 소실되지 않았을 것이다.

사람들은 인생이라는 터전에서 각자 자신의 집을 건축하고 있다. 만약 인생이라는 집을 잘 짓고 싶다면 지금 현재 일어나는 작은 예시와 조짐들에 주목해야 할 것이다. 분명한 것은 지금 일어나고 있는 작은 사건들에 대해서 주목하여 보게 된다면 대형 사고를 막을 수가 있다는 것이다.

작은 조짐에 대해서 잘 대처한다면 대형 사고는 분명히 예방할 수 있고 튼튼하고 아름다운 집을 지을 수 있을 것이다. 작은 실수를 줄이는 데 노력을 아끼지 말라. 그 작은 차이가 결국은 큰 차이를 가져올 테니깐 말이다.

37. 지금, 작은 것부터 고쳐라

인도가 아직 독립을 못하고 영국의 지배하에 있을 때, 무

저항주의로 독립운동에 앞장선 사람이 바로 마하트마 간디 (Mohandas Karamchand Gandhi, 1869~1948)였다. 그는 인도인들에게 사랑을 받는 위대한 혼이자 실천하는 지도자였다.

하루는 독립운동을 같이하는 동지들의 중대한 회의가 있을 예정이었는데 몇 사람이 약속된 시간에 지각을 하여 30분 늦게 회의가 시작되었다. 개회사에서 간디는 엄숙한 목소리로 이렇게 말했다.

"회원 여러분, 몇 사람의 게으름 때문에 우리 인도의 독립이 30분이나 더 늦어지게 되었습니다."

재치 있는 한마디 말에 회의장은 갑자기 물을 끼얹은 듯 엄숙해지고 모든 사람은 고개를 들지 못하였다. 지각을 한 잘못에 대한 죄책감도 있었지만 그보다도 반세기에 걸친 자기 나라의 독립을 아직도 이루지 못한 것은 그와 같은 게으른 국민성 때문이라는 뜻이 내포된 칼날같이 날카로운 꾸중이었다.

눈에 띄지 않는 부분에서 행해지고 있는 작은 습관이나 일상 속의 반복되는 사건들을 잘 살펴보면 현재를 진단할 수 있다. 작게 여겨질 수 있는 사소한 부분들도 눈여겨볼 줄 알아야 한다. 지금 실천하고 있는 작은 습관들이 언젠가는 자신에게 큰 유익을 줄 수도 때로는 화를 제공하는 원인이 될 수도 있기 때문이다.

작은 영역을 잘 다룰 줄 아는 사람만이 자신의 운명뿐

아니라 가정과 국가 그리고 자신이 속한 공동체를 잘 이끌어 갈 수 있다. 작은 부분에서 일어나는 일들을 한 번 더 생각해 보라. 미래를 푸는 열쇠가 거기에 들어 있다.

38. 자유롭기를 원하면 지금의 자유를 통제하라

먼 훗날, 자신의 삶을 자유롭게 살기를 원한다면 지금의 자유를 통제해야만 한다. 현재의 자유, 현재의 시간을 통제하는 것만이 먼 훗날 자유의 길로 나아가는 방법이다. 특히 젊은 시절의 경우에는 더욱 그렇다. 나이 들어 자유로워지고자 한다면 현재의 자유를 통제할 수 있어야 한다. 하고 싶은 것을 절제해야만 나이가 들어서 자유롭게 살 수 있다.

'마시멜로'라는 책에서는 유혹을 참아 내고 기다릴 줄 알아야 성공할 수 있다고 전해 준다. 마시멜로의 부자 조나단은 운전기사 찰리에게 자신의 경험을 이야기해 준다. 부자로 성장한 조나단은 4살 무렵에 경험한 사건으로 마시멜로를 15분 동안 참고 먹지 않으면 마시멜로 1개를 더 준다는 연구원의 말을 듣고 먹지 않았다.

조나단에 의하면 마시멜로를 참고 먹지 않은 사람들의 10여 년 후를 살펴보니 학업도 우수하고, 대인관계가 원만

하며, 스트레스 조절능력이 뛰어났다고 연구결과를 전했다. 조나단이 전해 준 이야기를 들으면서부터 운전기사 찰리는 점점 변해 간다는 내용이 마시멜로다.

이처럼 인생의 법칙에 따르면 현재의 자유를 통제하면 할수록 미래에는 자유의 길로 나아갈 수 있다는 것이다. 젊은이들일수록 현재 주어진 시간의 자유를 방탕하게 사용하기보다는 자신의 자유를 통제하여 더 큰 자유의 길로 나아가야 할 것이다.

필자는 현재도 시간을 잘 사용하기 위해서 관리하며 생활하려 노력한다. 지금 시간을 허비하면 나중에 시간이 우리에게 복수할 것임을 알기 때문이다. 인터넷이나 텔레비전 시청의 시간을 줄이려고 노력하며 생활한다. 미디어와의 잦은 접촉은 간접적인 생활은 될 수는 있어도 나의 진정한 생활은 될 수가 없기 때문이다.

지금의 주어진 시간을 알뜰하게 사용하고 가장 중요한 곳에 투자해야 한다. 이렇게 하면 시간이 흘러 미래에 서게 되는 어느 날, 우리는 넉넉하며 풍요로운 시간을 선물로 사용할 수 있게 될 것이다.

39. 규칙적으로 노력하라. 강수진

　강수진(1967~)의 경력은 화려하다. 1985년 동양인 최초로 로잔 콩쿠르에서 당당하게 1위를 차지했다. 이때가 그녀의 나이 19세였다. 이후로 그녀는 1993년 독일 슈투트가르트 발레단 주역 무용수, 1999년 무용계의 아카데미상이라할 수 있는 브노아 드 라당스(Benois de la Danse)에서 최우수 여성 무용수상 수상, 1998 페레가모 모델, 2005 스위스 로잔콩쿠르 심사위원, 2007 독일 캄머 탠처린 선정 등 굵직한 경력을 쌓았다.

　강수진의 이러한 경력이 주목받긴 하지만 그녀의 발은 사람들의 뇌리에 무언가가 묵직하게 각인시켰다. 보통사람들에게는 찾아보기 어려운 못생긴, 험악한 발이다. 그녀의 험악한 발에는 땀과 눈물이 배어 있다. 그녀의 발은 피나는 연습량을 대변해 준다. 우리는 그녀를 '강철나비'라고 부른다. 그녀를 강철나비라 부르는 것은 그녀가 무대에서는 자유롭게 날아다니는 화려한 나비처럼 자유로운 동작으로 움직이는 데서 나온 별명이다. 그녀의 이러한 동작은 한순간에 나온 것이 아니었다. 거룩한 연습에 의해서 나온 것이었다.

　슈투트가르트 발레단 예술감독을 맡고 있는 리드 앤더스는 강수진에 대해서 이렇게 평가한다.

수진은 아무런 치장도 없이, 화장도 하지 않은 자연 그대로의 모습으로 아침마다 연습실에 들어섭니다. 조용하고 꾸밈없이 등장한 그녀는 아무런 동작을 하지 않은 채 가만히 서 있기만 해도 그녀만의 강렬한 카리스마로 곧 사람들을 끌어당깁니다.

이러한 강수진의 카리스마는 그녀가 지금까지 해 온 연습량의 결과다. 그녀의 연습량은 겉으로 드러나는 강렬한 카리스마가 무언으로 대변하고 있다. 그녀는 하루하루 연습을 거르지 않는 습관으로 자신을 최고로 끌어올렸다. 매일 오전 6시 30분에 일어나서 1시간 이상 몸 유연하게 만든다. 밥 먹고 연습하고 또 연습하고, 하루 연습량은 평균 15시간, 많으면 19시간이다. 그녀가 한 시즌을 마칠 때에는 250켤레의 토슈즈를 갈아 치운다. 남들이 2~3주 신는 토슈즈를 하루에 네 켤레나 갈아 신는다. 그야말로 신들린 연습이다. 그녀는 연습이 갖고 있는 규칙성이 자신을 지켜 줄 수 있다는 사실을 잘 알고 있다.

오늘의 그녀를 만든 것은 이렇게 규칙적인 연습에 있었다. 비밀은 역시 규칙성이다. 규칙성은 퇴보를 지켜 주는 방어막이요 능력을 최대한으로 끌어올리는 두레박인 셈이다. 규칙적인 연습은 그녀가 표현하고자 하는 것을 가능케 해 주었다. 그녀는 이렇게 말한다.

무용도 사람이 하는 것인데 다를 게 뭐 있겠어요. 공부하는

것도 똑같잖아요. 오늘 예습, 복습 열심히 하면 내일 좋은 결과
를 얻지요. 오늘 열심히 살면 내일이 좋지요.

쉽지 않죠. 하지만 극한까지 끌어올리는 것이 제 원칙입니다.
맥시멈을 하지 않으면 제가 싫어요. 힘들고 피곤해도 시작하면
하기 마련이에요. 시작하는 게 힘들죠.

왜 이른바 성공하는 사람들은 연습을 게을리하지 않는
것일까? 규칙적인 연습이야말로 성공으로 향하는 지름길임
을 잘 알고 있기 때문이다. 강수진과 같은 사람들에게는 남
이 모르는 규칙성의 비밀을 가지고 있다. 그들에게 규칙성
이란 자신에 대한 배려이기도 하다. 매일 반복되는 규칙이
자신을 지켜 주고 성장시켜 주는 것임을 이미 알고 있는
사람들이다.

40. 미래를 위해 지금 준비하라

청년의 때란 도끼날을 가는 시기다. 이 시기에 도끼날을
갈지 않고 섣불리 도끼질하다가는 나무 한 그루도 제대로
자르지 못하고 중단하게 된다. 도끼날이 상하기 때문이다.
준비 없이 실천의 현장에만 매달리기보다는 휴식을 취하고
치밀하게 준비하는 시간이 더 필요하다.

두 나무꾼이 장작 패는 일을 하루 종일 했다. 한 사람은 하루 종일 도끼질을 하며 가끔 쉬는 것조차 거절했다. 저녁 때가 되었을 때 그는 큰 장작더미를 만들어 놓았다.

다른 나무꾼은 50분을 일하고 10분간 휴식을 취했다. 그는 조용하고 꾸준히 일했다. 날이 저물어 갈 무렵, 그는 동료보다 훨씬 더 큰 장작더미를 쌓을 수 있었다.

"이게 어찌된 일인가? 나는 쉬지도 않고 일했는데……."

"그건 간단하지. 나는 쉬고 있을 때 도끼날을 갈았다네!"

그렇다. 청년 시절은 탁월한 능력을 갖추기 위해서 부단히 준비하는 시간이다. 제대로 정성을 들여 도끼날을 갈아야 한다. 남들이 보지 않는 곳에서 부단히 노력해야 한다. 땀은 결코 배반하지 않는다. 지혜롭게 일하면서도 도끼날을 갈 시간을 갖도록 하라.

41. 좋은 습관을 미리 미리 준비하라. 토스카니니

세계적인 명지휘자 토스카니니(Arturo Toscanini, 1867~1957)는 1867년 이탈리아의 파르마에서 가난한 양복점 주인의 아들로 태어났다. 토스카니니는 원래 첼로 연주자였다. 하지만 불행하게도 그는 어려서부터 아주 심한 근시여서 잘 보지 못했다.

이런 토스카니니는 관현악단의 일원으로 연주할 때마다 앞에 놓인 악보를 볼 수 없기 때문에 늘 미리 외워서 연주회에 나가곤 했다.

그러던 어느 날 그에게 행운이 찾아왔다. 열아홉 살의 토스카니니는 이탈리아의 브라질 순회 오페라단에서 첼리스트 겸 부합창 지도자로 있었을 때였다. 오페라 <아이다> 공연을 하는데 그만 지휘자가 극단 측과의 불화로 급작스레 사임을 하게 되었다. 극단 측은 어쩔 수 없이 자포자기하는 심정으로 지휘를 토스카니니에게 맡겼다.

이때 토스카니니는 리허설 한 번 없이 악보도 보지 않고도 탁월한 암기력으로 지휘를 훌륭히 마쳤다. 이것이 결정적인 기회가 되었다. 공연 다음 날, 하루 자고 나니 스타가 되어 있었다. 그때 그의 나이 열아홉 살이었다.

토스카니니는 이 사건 이후에 세계적인 지휘자로 발돋움해 나갔다. 토스카니니는 성실함과 뛰어난 암기력으로 극단을 이끌었다. 특히 그는 수많은 악보를 다 외웠다. 3~4회 정도의 연주를 통해서 악보를 다 외웠다. 이렇게 철저히 준비하고 완벽을 추구했다. 그가 암기한 곡은 무려 300여 개에 이르렀다. 그의 성실함과 암기능력은 극단의 운명과 자기 운명에 엄청난 결과를 안겨 주었다.

토스카니니는 비상한 암기의 능력과 성실한 완벽주의적

기질로 인해서 인정받을 수 있었던 것이다. 먼저 성실하라. 언젠가는 때가 오기 마련이다. 미래를 준비하는 자는 기회가 찾아오면 붙잡기 마련이다. 지금 미래를 준비하라. 좀 더 성실하게 다가서라.

42. 하고 싶지 않은 일을 연습하라

"반복적인 일이 모여서 우리를 만든다. 따라서 탁월함은 업적이 아니라 습관이다."

이 말은 아리스토텔레스의 말이다. 아리스토텔레스(Aristoteles, BC 384~BC 322)의 통찰력은 습관의 중요성을 다시 생각하게 한다.

습관이 나를 만든다. 내가 습관을 만드는 것이 아니라 습관이 나를 만든다. 내가 반복해서 하는 매일의 행동이 나를 만들어 간다. 따라서 좋은 습관이 내 삶을 지배하게 될 때 내가 원하는 모습에 가까워질 수 있다.

어려운 일일수록 습관화시키는 것이 중요하다. 중요하면서도 까다로운 일은 반드시 습관화시켜야 한다. 뒤로 미루면 일을 해낼 수 없다. 그렇다. 까다로운 것, 중요한 일일수록 먼저 습관화시켜라.

필자의 경우 가능하면 그날 처리해야 할 일 중에서 가장 어려운 일을 먼저 처리하려고 노력하는 편이다. 가장 중요하고 어려운 것을 먼저 처리하지 않으면 일 전체가 틀어지고 그날을 망칠 수 있음을 필자는 잘 알고 있다.

마크 트웨인(Mark Twain, 1835~1910)이 마음속으로 간직한 철학을 기억하자. 그는 이렇게 말했다. "하고 싶지 않은 일을 매일 하도록 해라. 이것이 바로 고통 없이 자기 의무를 수행하는 습관을 갖는 황금률이다." 그렇다. 고통을 줄여 주는 기술은 하고 싶지 않은 것을 매일 우선순위를 위로 두고 처리하는 습관이다.

이러한 훈련은 하고 싶지 않은 일을 몸에 습관이 배일 때까지 계속하는 고독한 자기 절제라 할 수 있다. 훈련은 고통과 고독을 동반한다. 그러나 훈련은 결정적인 시련의 순간에 자기 자신을 지켜 주는 안전장치가 된다.

오직 몸에 배인 훈련만이 자신을 보호해 줄 수 있다.

세계적인 명 첼로연주자였던 파블로 카잘스(Pablo Casals, 1876~1973)의 예를 들어 보자. 그는 첼로연주에 있어서 진정한 거장이었다.

파블로 카잘스는 90세가 넘은 나이에도 하루에 6시간씩 연습을 한 대단한 연습광이었다. 그가 95세가 되던 해에 영국 BBC방송과의 인터뷰에서 다음과 같이 말했다.

"나도 그만두고 싶지만, 지금도 연습하면 할수록 내 실력이 조금씩 나아지고 있습니다."

이렇게 그를 세계적인 연주가로 만든 것은 다름 아닌 습관에 있었다. 죽을 때까지 연습을 게을리하지 않은 진정한 연주가의 모습을 그에게서 발견하게 된다. 연습은 시간도 이길 수 있는 유일한 비법인 것이다.

스티븐 코비의 말을 기억하자. "목수들에게는 하나의 규칙이 있다 그것은 한 번 자르기 위해 두 번을 재는 것이다." 목수처럼 해야 한다. 실전을 위해서는 평상시에 부단한 훈련을 해야 한다. 습관이 될 때까지 쉬지 말아야 한다. 가장 중요한 순간에 실수하지 않게 된다.

누군가는 말하기를 "성공한 삶을 살려면 좋은 습관을 만들어 그것의 노예가 되라."고 말을 했다. 옳은 말이다. 좋은 습관을 통해서만 예술가는 만들어진다. 이그나치 얀 파데레프스키(Ignacy J. Paderewski 1860~1941)가 그 좋은 예다.

이그나치 얀 파데레프스키는 폴란드 출신의 위대한 피아니스트였다. 그의 위대함은 피나는 연습에서 비롯되었다.

한 연주회에서 "당신은 천재 중의 천재입니다"라는 칭찬을 들었을 때에 그는 웃으며 대답했다.

"저는 천재가 아닙니다. 단지 연습을 많이 한 것뿐입니다."

이그나치 얀 파데레프스키는 한 소절을 연습할 때에 손에 완전히 익숙해질 때까지 수십 번, 수백 번씩을 연습했다고 한다.

좋은 습관이 훌륭한 예술가를 만들듯이 좋은 습관은 좋은 인생을 만들어 주는 삶의 기술인 것이다.

43. 시계처럼 정확한 습관을 갖춰라. 칸트

철학자 칸트(Immanuel Kant, 1724~1804)는 가죽 세공인의 아들이었다. 어느 날 칸트는 일을 하고 계시는 아버지에게 한 장의 종이를 들고 나타났다.

"아버지, 이것 좀 봐 주세요."

아버지는 칸트로부터 종이를 받아들고 자세히 들여다보았다. 그 종이는 아침부터 저녁까지 할 일이 적혀 있는 생활 계획표였다.

"저는 이제부터 집에서도 학교에서와 마찬가지로 시간을 정하고 그대로 실천하겠어요."

이 말을 듣고 아버지는 깜짝 놀라며 말했다.

"그러나 이대로 실천할 수 있을까?"

"꼭 그대로 하겠습니다." 칸트가 대답했다.

그다음 날부터 칸트는 규칙적으로 움직였다.

아침 다섯 시 반에 일어나 산책,

여섯 시에 학과의 예습,

일곱 시에 아침 식사,

여덟 시부터 오후 두 시까지 학교생활 학교에서 돌아오기,

세 시까지 몸을 씻기,

다섯 시까지는 복습,

여섯 시까지는 어머니의 심부름,

여섯 시에 저녁 식사,

일곱 시부터는 아버지의 가죽 세공 심부름,

아홉 시에 독서와 일기 쓰기

열 시에 취침하기.

칸트는 매일 빠지지 않고 규칙적인 생활을 하였다.

아버지와 어머니는 칸트가 과연 이 계획표대로 일과를 계속할 수 있을까 걱정했다. 하지만 칸트는 조금도 어기지 않고 꾸준히 지켜나갔다.

이렇게 위대한 철학자 칸트를 만든 것은 시간을 지키는 습관에서 비롯되었다. 습관이라는 규칙성이 칸트라는 사상가를 만들어 낸 것이다.

훗날 마을 사람들은 칸트가 산책하러 나가는 것을 보고 시계를 맞추었다고 전해진다. 칸트는 시계처럼 정확하게 매일 오후 3시경에 동네 앞 산책을 정기적으로 다녔기 때문에, 동네 사람들이 칸트의 산책을 보고 시계를 맞출 수가 있었다.

칸트의 이러한 정확한 시간 지키기의 습관은 정확한 통

찰력을 필요로 하는 철학 세계를 형성해 내는 힘으로 작용하였다. 먼저 시간의 습관을 지켜보아라. 역설적이게도 창조력이란 바로 철저히 습관을 지키는 데에서 출발한다. 무엇인가 삶이 달라지는 것을 느낄 수 있을 것이다.

44. 좋아하는 일을 하라

미국, 스롤리 블로트닉 연구소에 의하면 좋아하는 일을 선택하는 사람이 부자가 될 확률이 높다고 한다.

연구소에 의하면 일반인 1,500명 대상으로 부를 축적하는 법에 대해 연구했다. 연구 대상자들은 크게 두 부류의 사람들이었다. 먼저 자기가 하고 싶은 일을 나중으로 미루고 우선 돈을 버는 직업을 선택한 사람들이 조사 대상의 83%를 차지했다. 나머지 17%는 돈은 나중이고 하고 싶은 일을 최우선으로 하여 직업을 선택한 사람들이었다.

20년 후 1,500명 중 101명이 억만장자가 되었다. 이 중에서 단 1명을 제외하고 100명이 자기가 하고 싶은 일을 직업으로 선택한 사람들 17%가 부자가 나왔다. 이러한 조사결과가 말해 주듯이 자기가 좋아하는 일을 하게 되면 힘이 붙고 열정이 생기기 마련이다. 따라서 성공할 확률이 높아지는 것이 사실이다.

그렇다고 부자가 되기 위해서만 꼭 좋아하는 일을 하라는 말은 아니다. 좋아하는 일을 하라는 것은 자신이 좋아하는 일을 하며 사는 사람이 행복하기 때문이다. 행복한 인생, 후회하지 않는 삶을 살려거든 정말 자신이 좋아하는 일이 무엇인지를 발견하고 뛰어들어야 한다. 싫은 일을 하면 늘 불만이 쌓이게 되고 능률이 떨어질 수밖에는 없다.

인생은 짧고 소중하다. 자기가 진정으로 좋아하는 일을 선택하고 정진하는 삶이라면 후회가 없을 것이다.

지휘자 정명훈(1953~) 씨는 훌륭한 지휘자 이전에 음악을 스스로 즐길 줄 아는 사람이다. 그는 자신의 음악을 즐길 줄 알았기 때문에 오늘날의 지휘자 정명훈이 될 수 있었다. 결코 일에 있어서 조급해서는 안 된다. 그의 말을 들어 보자.

> "지휘자로 성공만 하면 된다는 조급함이 기형적인 음악공부를 하게 되는 요인이다. 진정한 음악가가 되고 싶다면, 또 음악가로서 성공하고 싶다면 성급함부터 버려야 한다."……"정말 하고 싶은 일을 하려면 프로페셔널이라도 정신과 마음만은 아마추어인 양 해야 한다고 생각한다. 물론 수준이 너무 낮은 아마추어를 말하는 것은 아니다." - 정명훈, Dinner for 8 중에서 -

성급해서는 안 된다. 천천히 실력을 쌓되, 아마추어처럼 자기 일을 즐길 줄 알아야 한다.

"전문가가 되려면 역으로 아마추어처럼 일해라." 이 말이 정명훈 씨가 들려주는 프로의 조건이다. 가짜 프로는 자신의 일을 즐기지 못하는 사람들이다. 가짜 프로는 일을 즐기지 못하기 때문에 결국 자신이 행복해질 수가 없다. 따라서 진짜 프로가 되기 위해서는 자신의 일을 즐길 줄 아는 사람이어야만 한다. 아마추어처럼 자신의 일을 부담 없이 좋아하고 정말 즐기는 사람만이 진정한 프로가 될 수 있다.

일을 할 때에 필요한 것은 누군가가 나를 알아주는 것이 아니다. 중요한 것은 자신이 진실로 하고 싶고 즐거워하는 일을 하고 있는가를 물어야 한다. 타인의 시선을 의식하면 할수록 자유를 잃게 되고 즐거움도 잃게 된다. 타인의 시선에 매이지 말고 진정으로 자기 자신의 일을 즐길 줄 알아야 한다.

이런 말이 있다. "천재는 노력하는 사람에 견주지 못하는 법이다. 또한 노력하는 사람은 즐기는 사람을 당하지 못한다." 그렇다. 즐기는 사람은 당해 낼 수가 없다. 논어 옹야 편에는 이런 글귀가 있다. 子曰, 知之者는 不如好之者요 好之者는 不如樂之者니라. 해석해 보면 "공자가 말하기를, 알고서 하는 사람은 좋아서 하는 사람만 못하고, 좋아서 하는 사람은 그것을 즐기는 사람만은 못하다."라고 했다.

그렇다. 마음으로부터 자신의 일을 즐길 줄 아는 사람만이 비록 고된 일일지라도 보람을 느끼며 일을 하게 되는 것이다. 먼저 즐기며 일하는 습관을 들여야 한다. 그것이 행복으로 가는 지름길이다.

45. 매일 조금씩만 일하라

한 화가가 유럽의 오래된 교회에서 벽화를 보수하고 있었다. 그때 외지에서 한 방문자가 찾아왔다. 고색창연한 교회 안 넓은 벽에는 모자이크가 있었다. 이때 한 화가가 혼자서 모자이크 보수작업을 혼자서 하고 있는 모습을 볼 수 있었다. 이 모습을 본 방문자가 물었다.

"벽이 이렇게 넓은데 언제 다 완성할 수 있을까요? 혼자 하기에는 모자이크의 크기가 너무 벅차 보입니다." 방문자가 물었다.

그러자 일하던 화가가 대답했다.

"즐기면서 일하고 있는 걸요. 하루하루 꾸준히 하면 됩니다. 매일 아침 일어나 하루 동안 완성할 수 있는 부분까지 선을 그어 표시합니다. 그 외의 부분은 신경 쓰지 않습니다. 이렇게 하면 하루하루가 즐거운 일이 되지요."

이 화가는 자신의 일에 대해서 즐기는 법을 알고 있었던 사람이었다. 하루 할 일에 대해서 일정한 한계를 긋고 작업에 임한다면 근심은 사라진다. 큰 욕심을 버리고 작은 부분에 최선을 다하는 지혜가 필요하다고 하겠다. "카르페 디엠(Carpe diem), 오늘을 즐겨라." 이 말은 지금, 여기에서 행복을 붙잡으려고 한 고대 로마인들이 사용한 말이다. 결코 쾌락을 위한 즐거움을 뜻하지는 않는다.

이것은 진정한 즐거움, 스스로 즐기는 즐거움을 뜻하는 말이다. 자신에게 주어진 일들이 아무리 힘들고 어려워도 즐길 수만 있다면 삶은 한층 더 깊어질 수 있었다.

46. 그러나 완벽주의를 경계하라

일을 잘하려는 태도도 중요하다. 일을 꼼꼼하고 세심하게 진행하는 것도 일을 잘하는 비법 중의 하나이기도 하다. 그러나 일을 함에 있어서 완벽주의적인 성향은 주의해야 한다. 우리 주변에서 완벽주의자(perfectionist)적인 성향을 가지고 있는 사람들을 심심찮게 볼 수 있다. 이들이 '완벽'을 꿈꾸는 건 자연스러운 욕구이지만, 지나치면 '정신장애'가 될 수도 있음을 기억해야 한다.

완벽주의자들의 특징은 자신이 지금 하고 있는 일에 대

해서 지나치게 진지하거나 심각하게 취급하려는 경향이 있다. 따라서 이들은 자신의 일에 관하여 항상 불만을 가지고 있다. 완벽주의자들은 기준은 일의 결과로 자신을 평가하려는 경향을 지니고 있다. 또한 이들은 다른 사람들이 자기만큼 노력하지 않는다는 것을 보고도 적잖게 놀라거나 당황하는 사람들이다. 완벽주의적인 기질은 좀 무뎌질 필요가 있다. 날카로우면 나도 괴롭고 상대도 괴롭게 만든다.

이에 대해서 존 헨리 카디널 뉴먼 이렇게 경고한다. "만일 아무도 트집을 잡지 못하도록 완벽하게 할 수 있을 때까지 기다린다면 아무것도 하지 못할 것이다." 그렇다. 완벽을 기하려 한다면 어떠한 행동도 하지 못할 것이다.

완벽주의자들은 불합리한 사건들, 또한 주변의 복잡한 상황들을 유연하게 받아들이는 자세를 취해야 한다.

삶은 완전하기보다는 불완전에 가깝기 때문이다. 자연에서 일어나는 현상들은 한결같이 완벽주의와는 거리가 멀다. 혼란스럽고, 정리되지 않은 방향으로 진행되어 가는 것이 자연의 현상들이다.

예를 들어 자연은 무균(無菌)이라는 환경에서는 어떤 생명체도 성장하거나 생존하지 못한다. 예를 들어, 채소가 제대로 자라려면 흙과 벌레가 있어야 한다. 마찬가지로 어린나무가 숲에서 자라기 위해서는 무수한 벌레의 활동과 미생물들의 운동이라는 상호작용을 필요로 한다. 어린나무에게는 불완전한 환경으로 보이고 불공평한 환경으로 보일지 몰라도 그 속에서는 생명을 성장케 하는 힘이 깃들이게 되는 것이다.

옛말에 "물이 너무 맑으면 물고기가 살수 없다."는 말이 있다. 그렇다. 완벽을 지향하는 사람에게는 친구들이 떠난다. 채근담(菜根譚)에는 이런 구절이 있다. 地之穢者 多生物 水之淸者 常無魚 故君子當存含垢納汚之量, 不可持好潔獨行之操. 이 말을 풀어 보면 다음과 같다. "더러운 땅에서는 초목이 무성하지만 물이 너무 맑으면 항상 고기가 없는 법이다. 그러므로 군자는 때 묻고 더러움도 용납할 도량을 가져라. 깨끗함만 좋아하고 홀로 행하려는 절조는 지니지 말아라."

살아가는 과정 속에서 때 묻히고 살려는 용기가 필요하다. 깨끗함만 지향하겠다는 생각은 너무나 이기적이다. 세상이 먼지를 뒤집어쓰고 있는데 자기 자신만 깨끗한 삶을 살려고만 한다. 자신만 살겠다는 뜻이다. 그렇다. 사람들 속으로 들어가야 한다.

무균 상태는 깨끗해 보이지만 실제로는 생명체가 전혀 살지 못한다. 더럽고 악취 나는 세상에 과감하게 뛰어들겠다는 용기가 필요하다. 내가 더러워져서 상대방을 구하겠다는 결단이 필요하다 하겠다. 무결점에 도전하는 완벽주의적 기질은 위험하다.

이런 영국속담을 생각해 보면 어떨까? '가장 형편없게

일하라(Do your worst).', 즉 일을 하되, 사람들에게 비난받을 생각으로 하라는 말이다. 실수해도 좋다. 사람들의 시선으로부터 자유로워져라. 형편없게라도 일하라. 그래도 괜찮다. 그렇게 욕먹을 각오로 일에 달려들고 참여하라. 그렇게 용감하게 일에 뛰어든다면 무엇인가를 이룰 수 있다. 멀리서 관조하는 것보다 형편없을지라도 참여하는 것이 낫다. 이 길이 곧 나를 살리는 길이다.

47. 망설이지 말고 모험에 참여하라

모험을 해야만 한다는 강박관념이 심할수록 모험을 할 수가 없다. 예를 들면 운동선수들이 시합을 앞두고 시합자체에 대해서 골똘히 생각하면 할수록 몸을 움직이는 것이 부자연스러워지게 된다. 예민한 생각이 몸을 마비시키는 것이다.

따라서 몸을 유연하게 만들려 한다면 자연스러움을 따르되, 과감하게 행동해야만 한다. 너무 예민하게 생각하지 말아야 한다. 모험에 참여하되 평상심을 가지고 그 흐름에 몸을 맡겨 보면 어떨까?

모험에 뛰어들려면 시간의 한계를 정해 놓는 것이 효과적이다. 사람은 무제한의 자유를 주게 되면 모험에 스스로를 던질 확률은 그만큼 낮아진다. 하지만 시간을 제한시켜 놓으면 달라진다.

사람들에게 남은 시간이 한정되어 있다고 설명하면 행동하기 시작한다. 사람들은 시간의 제한됨을 의식하게 되고 모험을 감행하기 시작하게 된다. 마치 배가 침몰하고 있고 이어서 빨리 뛰어내리라고 한다면 누구든지 위험을 무릅쓰고 바다에 뛰어드는 것과 같은 이치다. 제한된 시간과 위급한 상황이 되면 모험의 내용이 좋든지 나쁘든지 간에 사람은 열정을 다해 모험에 뛰어들게 된다.

바둑 경기에는 반드시 시간이 정해져 있다. 바둑 경기는 시간을 제한함으로써 다음 수를 자연스럽게 유도한다. 만약 바둑 경기에 있어서 시간의 제한이 없으면 사람들은 움직이지 않게 될 것이다. 머릿속으로 생각만 계속할 뿐 시간을 낭비하고 말 것이다. 특히 완벽주의적 기질을 가진 사람일수록 다음의 수를 두기 전에 얼음처럼 굳어져 버릴 것이다. 그래서 제한시간이 필요하다. 인생이란 이와 같이 실수를 알고도 수를 둬야 하는 현장이요, 현실인 것이다.

삶이란 바둑을 두는 것과 비슷하다. 한 번 두기 시작하면 다음 수를 반드시 두어야 한다. 멈춤이란 있을 수 없다. 시간은 제한되어 있다. 어쩔 수 없다. 방법이 없어도 수를 둬야 한다.

해법은 모른다. 단, 돌을 놓다 보면 해법이 보일 것이다.

하지만 움직이지 않으면 해법은 영원히 찾을 수 없다.

삶은 우리에게 묻고 있다. "당신의 진심을 보여 달라"고 말이다. 시간이 모자란다. 시간이 없다. 그렇다. 지금은 다음 돌을 놓을 때이다. 돌을 놓다 보면 운명은 우리에게 다음에 놓아야 할 자리를 보여 줄 것이다.

"당신의 능력이라면 충분하다. 대안이 뚜렷하지 않더라도 과감하게 다음 돌을 놓아라." 이것이 바둑의 정신이다. 때가 되거든 머뭇거리지 말고 돌을 집고 놓아라. 그것으로 충분하다.

모험의 정신이란 움직임과 참여에 있다. 움직이기 시작하면 아무리 높은 현실일지라도 상황은 변해 간다. 미래는 불확실하지만 불확실성 속에는 가능성도 함께 공존하고 있다. 모험을 두려워 말라. 움직여라. 움직이기 시작한다면 운명은 우리 편이다. 더 이상 두려워 말고 용기를 내라. 새로운 운명의 장이 열리고 있다.

48. 방관하는 것도 죄다

제2차대전 말기에 독일군이 온 세계를 점령하고 있을 때를 중심으로 엮은 "로베레 장군"이라는 영화 속에 다음과 같은 이야기가 나온다.

나치에 저항했던 많은 저항운동가들이 감옥에서 처형을 당하게 되었는데 그중에는 저항운동에 참가한 일도 없는 한 사람이 끼어 있었다. 그는 자기가 처형당하는 것이 억울하다고 생각되어 큰 소리로 외쳤다.

"나는 아무것도 하지 않았다. 저항운동에는 관심도 없다. 그저 돌아다니며 장사한 것뿐인데 왜 나를 죽이는가?" 그는 이렇듯 강력하게 항의를 했다.

이때 옆에 있던 저항운동가가 조용히 말하기를 "당신은 죽어 마땅하오. 수많은 사람들이 조국과 민족을 위해 무참하게 피를 흘리며 싸우는데. 아무 일도 안 했으니 그것이 큰 잘못이오."라고 하며 대단히 인상적인 말을 했다.

그렇다. 움직이지 않는 것, 아무 일도 하지 않는 것이 더욱 큰 잘못이다. 움직이지 않았기 때문에 죽을 운명이 찾아온 것이다.

분명히 알고도 움직이지 않았던 것이 실수였다. 움직여라. 두려워하지 마라. 움직이게 되면 상황은 자연스럽게 풀리기 마련이다. 만약 스스로 움직이기 시작한다면 하늘이 당신을 돕고 있음을 알게 될 것이다.

49. 때론 대담한 용기가 필요하다

시바 료타로(司馬遼太郞, 1923~1996)는 ≪미야모토 무사시≫에서 "인간은 새처럼 하늘을 날 수는 없지만, 마음만 먹으면 아무리 높은 곳에서도 얼마든지 뛰어내릴 수 있다."라고 말했다. 인간에게 필요한 것은 마음이요 용기라는 이야기다. 용기는 마음에서 나온다. 용기를 내겠다는 마음을 먹는다면 무엇이든지 할 수 있다. 삶은 작은 용기만으로도 기적을 이룰 수 있다. 침착하게 용기를 내어 보라.

미국 여성으로 최초의 노벨문학상을 수상한 펄벅 여사는 선교사인 아버지를 따라 중국에서 어린 시절을 보냈다. 어느 해 심한 가뭄이 들었을 때였다. 아버지가 먼 여행으로 집을 비운 사이 마을에는 백인이었던 펄 벅의 어머니가 신을 분노하게 만들어 가뭄이 계속된다는 소문이 돌았다.

중국 사람들의 불안은 점점 분노로 변했다. 어느 날 밤 사람들은 펄벅의 집으로 몰려왔다. 그 소식을 들은 어머니는 집 안에 있는 찻잔을 모두 꺼내 차를 따르게 하고 케이크와 과일을 접시에 담게 했다. 그리고 대문과 집 안의 모든 문을 활짝 열어 두고는 아이들과 함께 거실에 앉아 있었다. 마치 오늘을 준비한 것처럼 어린 펄벅에게 장난감을 가지고 놀게 하고 어머니는 침착하게 바느질감을 들었다.

잠시 후 거리에서 함성이 들리더니 몽둥이를 든 사람들이 열린 대문을 통해 단숨에 거실로 몰려왔다. 사람들은 굳게 잠겨 있을 것이라고 여겼던 문이 열려 있자 좀 어리둥절한 얼굴로 방안을 들여다보았다. 그때 어머니가 정중히 차를 권했다.

"정말 잘 오셨어요. 기다리고 있었어요. 어서 들어와서 차라도 한잔 드세요."

그들은 멈칫거리다가 못 이기는 척 방으로 들어와 차를 마시고 케이크를 먹었다. 사람들은 천천히 차를 마시며 구석에서 천진난만하게 놀고 있는 아이와 어머니의 얼굴을 한참 바라보다가 그냥 돌아갔다. 그리고 그날 밤 그토록 기다리던 비가 내렸다.

훗날 어머니는 어른이 된 펄벅 여사에게 그날 밤의 두려움을 들려주며 만약 도망칠 곳이 없는 막다른 골목이 아니었다면 그런 용기가 나지 않았을 것이라고 말했다. 어머니는 입버릇처럼 용기는 절망에서 생긴다고 말했다. 이 말은 이후에 펄벅 여사가 절망적인 순간에 항상 떠올리는 말이기도 했다.

침착한 용기를 낼 수만 있다면 상황을 지혜롭게 움직여 갈 수 있다. 삶은 큰 용기를 필요로 하는 것이 아니라 작은 용기들을 필요로 한다. 절망적인 상황이라면 더더욱 용기를 내라. 작은 용기만으로도 삶을 변화시킬 수 있다. 삶

은 용기만 있다면 삶을 작은 실천들로 변화해 가고 달라질
것이다.

50. 먹을 갈듯이, 활을 쏘듯이 하라

일이란 우리에게 일정한 태도를 요구하는 작업이다. 그
렇다면 일에 임하는 좋은 자세는 어떤 것일까? 일에 임하
는 좋은 자세를 말하라면 필자는 먹을 갈듯이 일에 참여하
라고 권하고 싶다. 너무 힘을 많이 들이지 말라는 말이다.

옛 선비들은 글을 쓰기 전에 반드시 먹을 갈았다. 먹을 갈
면서 마음을 가라앉혔다. 마음이 차분해지는 것이 먹 갈기
다. 하지만 먹을 가는 일이란 그리 쉬운 일이 아니었다. 먹
을 잘 갈려면 먼저 마음을 집중해야만 했다. 잡념이 생기면
먹물이 사방으로 튀기 쉬웠던 까닭이었다. 튀는 먹물이 조금
이라도 있으면 큰 낭패를 당하게 되었다. 만약 먹물이 종이
로 튄다면 종이를 사용할 수 없으니 다시 준비해야만 했다.

따라서 먹을 갈 때에는 정신을 집중해야 했다. 마음을 가라
앉히고 잡념을 줄여야 했다. 단순하게 먹을 가는 일에만 마음
을 두어야 먹 가는 일이 가능해질 수 있었다. 집중하되 평상
심을 가지고 차분하게 먹을 갈 때, 글 쓸 준비는 끝나 갔다.

이때에 벼루에다가 먹을 갈게 되면 벼루는 먹을 가는 사람의 깊이까지 고스란히 갈아 담게 된다. 그 순간 벼루는 하나의 연못이 된다. 비록 벼루는 작지만 깊은 연못, 즉 심지연(心地淵)이 된다. 이렇듯 마음을 담아 깊은 연못을 만들어 가는 과정이 먹을 가는 과정인 것이다.

이렇듯 일에 임하려면 먹을 갈듯이 하라. 목표를 바라보고 일을 하되 그 목표에 매이지 않는 법을 익혀야 한다. 먹을 간다는 생각을 하되 그 가는 일에 매여서는 안 된다. 평범한 손놀림 속에서 마음을 가라앉히되 절대적으로 마음은 자유로워져야 한다.

먹을 잘 갈겠다는 욕심도 버려야 한다. 먹을 간다는 행동을 하되 어떻게 하면 잘 갈까 하는 생각으로부터 자유로워져야 한다. 자유로워지고 자연스러워지면 먹 가는 일이 드디어 가능해지기 시작한다.

우리는 어떻게 지향하는 일들로부터 자유롭게 될 수 있을까? 오이겐 헤리겔(Eugen Herrigel,1884~1955)이 쓴 '활쏘기의 선(Zen in der Kunst des Bogenschiessens)'이라는 책에서는 어떻게 하면 활쏘기에서 자유를 얻을 수 있는가에 대해서 그 방법을 제시하고 있다.

오이겐 헤리겔은 독일인으로 일본에서 스승에게 활쏘기에 입문하여 활쏘기의 기예를 익혀 간 인물이다. 그는 처음에는 과녁만 명중시키면 그만이라고 생각했다. 그러나 일본인 스승은 서양인 제자에게 활을 쏜다는 것의 진정한 의미를 이렇게 가르쳤다.

"해야 할 것에 대해 생각하지 마십시오. 어떻게 하면 될지를 궁리하지 마십시오." 이것이 스승이 전하고자 했던 활쏘기의 궁극적인 목표점이었으나 제자는 스승의 말을 이해하지 못했다.

스승은 제자에게 말한다.

"아이가 손가락을 놓을 때는 아무 미동도 없습니다. 왜 그런지 아십니까? 아이는 생각하지 않기 때문입니다."

스승은 계속해서 그를 꾸중하고 가르쳤다.

"진정한 기예는 목적도 의도도 없습니다. 목표를 정확하게 맞추기 위해서 화살을 발사하는 법을 배우는 데 집착하면 할수록 목표를 맞추기는 더 어렵고 또 발사하는 법은 더 배워지지 않습니다."

스승이 가르치고자 했던 바는 목표에 집착하면 할수록 목표에서 멀어지는 것이 삶의 원리라는 점이었다.

오이겐 헤리겔이 활쏘기를 통해서 끊임없이 배워야 했던 원리는 다름 아닌 '집착으로부터의 자유'에 있었다. 그러나 서양인으로 스승의 생각을 전부 다 이해할 때까지는 상당한 시간이 흘러야 했다.

스승은 서양제자를 위해서 검도를 실례로 들어 보였다.

"검도를 배우는 데 있어서 기예가 진보하지 않고 실패하는 까닭은 상대가 어떻게 칼을 휘두르는지를 세심하게 살피는 일 때문이다. 어떻게 가장 효과적으로 상대를 공략할 것인가를 생각하고, 또 허점이 드러나는 순간을 노리고 있기 때문에 평상심을 잃게 된다."

스승의 말대로 검도에서 실수하는 까닭은 상대를 어떻게 해야겠다는 마음이 자기 자신의 평상심을 흐리게 되고 도리어 상대에게 허점을 보이고 마는 것이다.

그렇다면 어떻게 해야 하는가? 자연스러워져야 한다. 물 흘러가듯 자연스러워야 한다. 스승은 이렇게 말한다.

"눈이 쌓이면 대나무 잎은 점점 더 고개를 숙이게 되지요. 그러다가 일순간 대나무 잎이 전혀 흔들리지 않는데도 눈이 미끄러져 떨어집니다. 이와 같이 활쏘기는 사수가 의도하기도 전에, 마치 대나무 잎에 쌓인 눈처럼 사수를 떠나가야 합니다."

이러한 스승의 가르침에 힘입어 오이겐 헤리겔은 활쏘기를 통해서 진정한 삶의 원리를 익힐 수 있었다. 무슨 일을 하든지 자연스러움을 추구해야 한다는 스승의 뜻을 비로소 이해하게 된다.

그렇다. 억지로 하거나 목표를 높이 잡아서 욕심을 부리고, 마구 덤벼들면 안 된다. 일을 하되 의도적으로 힘을 다 쏟아서도 안 된다.

자신이 가지고 있는 힘의 70% 정도만 사용해야 안전하다. 자기 역량의 모든 것을 다 쏟아붓는다는 것은 오히려 일을 망칠 수도 있다. 결국 일이란 양이 중요한 것이 아니라 일의 질이 중요하다.

일을 행하고, 일에 집중하되, 집착하는 자세에서는 점점 자유로워져라. 힘을 다 쏟아붓지는 마라.

꽃을 기르다 보면 정성을 다해서 기른 꽃이 피어나지 않는 경우를 종종 본다. 정성껏 물을 주고 좋은 장소에 두었는데도 꽃은 피어나지 않는다. 오히려 아무런 정성을 기울이지 않고 관심도 두지 않았던 들꽃의 꽃잎에서 생명의 기운이 돋아난다. 길을 지나가는 사람들은 무심하게 들꽃을 바라보면서 들꽃의 꽃잎이 피어나는 것을 보게 된다. 참으로 신비로운 광경이다. 사람이 관심을 두지 않은 들꽃은 스스로 성장하니 말이다.

이와 같이 인위적인 노력은 역설적인 모순을 포함하고 있다. 관심을 두면 좋은 결과를 많이 거둘 것 같지만 꼭 그렇지만은 않다. 지극한 관심은 도리어 정반대의 결과를 자져 올 수도 있다. 이 때문에 행여 자신의 힘을 지금 하는 일에 모두 다 투여하지는 말라. 자연이 일하는 부분을 남겨 두라. 그러면 일은 온전해지고 완성되어 갈 것이다.

51. 역지사지(易地思之), 남의 입장에서 생각해 보라

삶을 구성하는 많은 자세 중에서 꼭 필요한 자세는 남의 입장에서 생각해 보는 역지사지(易地思之)의 자세다 하겠다. 역지사지란 말 그대로 상대방과 나의 입장을 바꿔서 생각해 보는 것이다. 자기중심적으로만 생각하는 사람은 남의 이야기나 입장에 귀를 기울이지 않는다. 자기중심적인 사람은 모든 사건의 이해를 아전인수(我田引水)적으로만 해석하려 든다. 이런 사람은 쉽게 오해하고 돌아서거나 인간관계에서 쉽게 고립된다.

사람은 자기가 만들어 놓은 생각의 틀에 갇혀서는 안 된다. 상대의 입장에서 생각해 볼 수 있는 역지사지의 정신이 필요하다.

지구상에서 마라톤이 금지된 나라가 있다. 마라톤이 기원전 490년 그리스와 페르시아와의 전쟁에서 유래됐다는 것은 널리 알려진 사실이다. 당시 침략군 페르시아를 물리친 그리스군의 페이디피데스 병사가 약 40㎞를 달려와 "우리는 이겼노라"라고 아테네 시민들에게 승리의 기쁨을 전했다. 이후로 마라톤은 페이디피데스가 달려온 거리만큼 뛰는 역사적 선례를 따르게 되었다. 마라톤은 이제 모든 세계인들에게 승리의 메시지를 전달하는 기쁨의 축제라는 사실을 생각하며 함께 동참하게 된다.

그러나 그 당시 그리스 군에 패한 페르시아의 후손들인, 즉 이란 사람들은 조상들의 패전이라는 슬픈 역사가 얽혀 있는 마라톤 경기를 지금까지도 금지하고 있다. 이란은 마라톤 경기를 74년 테헤란 아시안게임 이후에 지구상에서 유일하게 지금까지도 금지하고 있다. 이란인들에게는 지울 수 없는 역사의 아픔으로 남아 있다고나 할까?

역지사지의 마음이 없다면 우리는 결코 이란인들의 행동을 이해할 수 없을 것이다.

이처럼 상대방의 입장에서 생각해 본다면 분명 어려운 현실도 달라질 수 있을 것이다. 상대의 입장에 서서 진심으로 들어 보라. 분명 상황과 이해하는 폭이 달라질 것이다.

05

남을 돕는 것이
나를 돕는 것이다

진짜 사랑은 언젠가는 상대의 마음에 가서 닿는다는 사실을 깨달았습니다. 그 사랑이 조용한 것일수록, 닿았을 때 마음의 울림은 더 크다는 것도 말입니다. 사랑은 온 우주가 단 한 사람으로 좁혀지는 기적이라고 생각해요.

- 줄리아 로버츠 -

52. 타인의 고통에 주목하라

현대인들에게 타인의 고통은 어떻게 이해되고 있을까? 타인이 당하는 고통에 대해서 진정한 연민을 느끼며 그들의 고통에 동참하기 위해서 행동을 취하고 있는가? 수잔 손택(Susan Sontag, 1933~2004)에 의하면 현대인들에게 타인의 고통은 지극히 추상화되어 가고 있다. 사람들이 당하는 고통과 고난이 하나의 시그널로 전환되어 받아들여지고 있다는 것이다. 영화를 보듯이, 타인의 고통은 우리의 고통이 아니라 그들의 고통이 될 뿐이다. 사람들은 점점 타인의 고통을 자신들의 고통으로 이해하려 하지 않는다.

수잔 손택은 이렇게 진단한다. "사방팔방이 폭력이나 잔혹함으로 보여 주는 이미지들로 뒤덮인 현대 사회에서는 사람들이 타인의 고통을 일종의 스펙터클로 소비해 버린다. 타인의 고통이 하룻밤의 진부한 유흥거리가 된다면, 사람들은 타인이 겪었던 것 같은 고통을 직접 경험해 보지 않고도 그 참상에 정통해지고, 진지해질 수 있는 가능성마저 비웃게 된다." 그녀에 의하면 현대인들은 타인의 고통이 자꾸 추상화되고 관념화되어 갈 뿐, 실제적인 고통이라고 여기지 않고 있다.

예를 들어, 지구 반대편에 있는 아프리카의 에티오피아에서 소년 소녀들이 굶어 죽어 가는 모습이 비쳐진다면 이것도 한낱 이미지나, 정보로 그칠 뿐 사람이 당하는 고통으로 여기지는 않는다는 것이다. 이웃의 고통이 아닌 영화의 한 장면처럼 정보를 처리하고 방치해 버린다. 이러한 현상들이 우리 주변에서 습관화되어 가고 있다.

우리는 이러한 현상에 대해서 어떻게 평가해야 할까? 괴테는 인간에 대해서 이렇게 말했다. "인간이란 어찌 이렇게 아는 것은 빠르면서도 행하는 것은 느린 동물인가!" 그렇다. 인간은 알고 이해하는 능력은 빠르지만 아는 것을 행동으로 옮기기까지는 시간을 오래도록 허비하는 경향이 있다. 타인의 고통을 알고, 이해하면서도 그들을 돕는, 도움의 손길을 내미는 행동으로 연결되기까지는 너무도 느리다.

한 가지 실례를 들어 보자. 프린스턴 신학대학원에서 있었던 일이다. 40명의 신학생이 설교시험을 하기 위해 한방에서 준비 중이었다. 시험의 주제는 부상당해 쓰러진 사람을 도와준 착한 사마리아인에 대한 것이었다.

신학생들은 15분 간격으로 시험을 치르기 위해 다른 건물로 갔다. 시험장이 있는 건물로 향하는 길에 한 남자가 신음소리를 내며 구부정한 자세를 취하고 있었다. 시험시간에 늦었다고 생각한 사람들 중에서 그 남자를 도와준 학생은 단 한 명뿐이었다.

이렇게 신학대학원에서 훈련을 받는 신학생들을 대상으로 테스트한 결과에서도 볼 수 있듯이 자신들에게 중요한 시험을 앞두고 있는 상황에서 타인의 고통을 돕는 일이란 결코 쉽지 않다는 결론에 이르게 된다.

도와야 한다는 사실을 아는 것과 아는 것을 실천에 옮기는 문제는 별개의 문제다. 아무리 타인이 경험하고 있는 고통에 관한 정보를 많이 가지고 있어도 아는 것을 실천에 옮기기까지는 용기도 필요하고 시간도 필요하다. 현대인에게는 그냥 용기만 있어서 될 일이 아니라 타인을 도울 시간과 더불어 시간을 낼 수 있는 용기가 필요하다.

현대인들에게 돕는다는 것은 고통당하고 있는 사람을 위해서 도움을 줄 만한 시간을 낼 용기가 있느냐 없느냐에 달려 있다.

바쁘게 움직이는 도시 생활에서는 사람들이 서로를 눈여겨보고, 서로가 서로에게 인사를 나누는 일도 힘들다. 이런 개인주의 도시 문화에서는 어려움에 처한 다른 사람을 도와주려는 모습은 보기 힘든 풍경이 되어 버렸다. 더군다나 시간이 부족한 사람들에게는 타인의 고통에 반응하기 위해

서는 자신에게도 부족한 시간을 타인을 위해서 낼 큰 결단
이 필요하다.

이렇게 볼 때 크게는 시간이 부족한 현대인의 문화 전체
가 변화해 가야만 하고 작게는 개인의 도덕적 결단과 시간
을 배려할 줄 아는 결단이 필요하다고 하겠다.

53. 친구를 위해 몸을 던져라

아문센(Roald Amundsen, 1872~1928)은 노르웨이의 수
도 오슬로 남쪽 몇 킬로미터 떨어진 보르크라는 작은 마을
에서 태어났다. 그의 집안은 무역선의 선장과 선주들을 배
출한 유명한 가문이었는데 아문센도 15세 때 영국의 대탐
험가인 존 프랭클린의 책을 읽고 감명을 받아 탐험가의 길
을 꿈꾸었다.

젊은 시절 해표잡이 배를 타며 경험을 쌓았던 아문센은
1906년 대서양에서 태평양으로 통하는 북서항로를 항해하
는 데 성공했고 1911년 12월 마침내 남극을 정복하는 쾌거
를 이루었다. 하지만 현실의 부와 명예를 쌓은 뒤에도 그는
쉬지 않고 인간 한계에 도전을 계속 이어 나갔다. 마치 대
자연만이 자기 삶의 모든 것인 것처럼 그의 열정은 그칠

줄 몰랐다.

1918년 아문센은 노르웨이를 출발해 해류를 타고 북극을 지나 동쪽으로 가려 했지만 계획이 뜻대로 되지 않자 1926년 비행선 노르게 호를 타고 북극 횡단비행에 성공했다.

당시의 언론들은 아문센의 북극횡단을 대대적으로 보도했는데, 이때 비행선을 조종한 노빌레는 불만이 많았다. 그는 "횡단 비행을 가능하게 만든 사람은 곤돌라 속에서 북극의 경치를 구경하며 여행한 아문센이 아니고 비행기를 조종한 나"라며 당시 언론에 못마땅해했다.

그 뒤 노빌레가 지휘하는 비행선 이탈리아 호가 북극 상공에서 조난을 당하자, 아문센은 동료의 조난 사실을 확인한 후 구조원의 한 사람으로 출동했다. 결국 노빌레는 1개월 뒤에 스웨덴의 비행기에 의해 구조되었으나 아문센은 영영 돌아오지 못했다. 의식을 찾았을 때, 노빌레는 아문센의 소식을 들으며 자신의 질투를 땅을 치고 후회했다.

이처럼 아문센은 자신의 생명을 친구를 위해 던졌다. 그는 친구를 자신의 모든 것을 걸고 자신을 준 것이다.

54. 지금, 내 고통을 아세요?

필자가 만난 이지원(가명) 씨는 폐암 말기 암 환자였다. 마지막 날이 다가올수록 그녀의 하루는 길고도 험난했다. 예전 같으면 맨 얼굴로 이야기를 나누었을 텐데 그를 만난 날은 이지원 씨가 산소마스크를 쓰고 있었다. 대화도 잘되지 않았다.

그녀는 헝클어진 머리에 입술과 혀는 바짝 말라 가고 있었다. 산소마스크 너머로 내게 힘겹게 말했다.

"수~ 수~ 숨이 타~ 탁 막혀요." 그녀가 간신히 말을 내뱉었다. 그녀의 끊어질 듯 이어지는 말의 내용은 이랬다.

"이러다가 어떻게 될 것만 같아요. 마음껏 숨을 쉬고 싶은데 그렇게 되질 않아요." 그녀는 힘겹게 또 다시 말을 이어 갔다.

"정말 어떻게 될 것만 같아요. 어떻게 해야죠? 잠을 잘 수가 없어요. 숨이 쉬어지질 않아서 잠을 자질 못하겠어요. 제발, 살려 주세요. 도와주세요."

그녀는 과거에도 이미 많은 눈물을 흘렸었다. 자신이 폐암이라는 진단을 받고 병원 복도의 한가운데에서 소리 내어 울던 때가 엊그제였다. 얼마나 크게 울었던지 병실에 입원해 있던 환자들과 가족들이 모두 구경 나왔을 정도였다.

울고 또 울었던 이지원 씨였다.

이제 더 이상 나오지도 않을 것 같았던 눈물, 약간의 물기를 보이며 내게 호소하고 있었다. 나는 이지원 씨가 숨을 쉬기 위해서 얼마나 고통스럽게 노력하고 있는지 내 두 눈과 두 귀로 보고 또 들었다. 그녀는 단지 숨을 마음껏 쉬고 싶다고 내게 도움의 손길을 달라고 호소했다.

그날 이후부터 그녀의 병실에 들어설 때면 내 호흡도 일시 정지되는 듯한 고통을 느껴야만 했다. 그녀의 살려달라는 그리고 숨을 쉬고 싶다는 말에 내 호흡도 어려움을 겪는 듯했다.

이후 이지원 씨의 병실에 들어가는 일이 점점 힘이 들었다. 그녀의 호흡이 거칠어져서 지켜보며 대화를 하는 일도 거의 불가능해져 갔다.

마지막 날이 가까워지던 어느 날 이지원 씨가 힘겹게 입을 열었다.

"아무도 몰라요. 아무도……." 절망의 표시였다.

"그래도 목사님은 내가 당하는 이 고통을 이해하시죠?" 그녀가 간신히 말했다.

나는 말을 할 수 없었다. 조용히 바라볼 뿐 달리 무어라 말할 수 없었다. 또 어떤 방법으로도 달리 도울 방법이 없었다.

함께 고통의 시간 속에서 그 자리에 머무는 것 이외는 다른 대안이 없었다. 그런데 이지원 씨는 내가 자신이 당하는 고통의 순간들과 함께하고 있다는 사실에 대해 말했다. "정말 고마워요"라고. 얼마 후 그녀는 하늘나라로 돌아갔다.

사람을 돕는다는 것에는 어떤 방법이 있을까? 몸으로 적극적인 봉사를 하는 것도 그 방법 중에 하나일 것이다. 경제적인 도움을 주는 것도 큰 도움이다. 그리고 또 다른 방법도 있다. 필자의 경험에 의하면 가장 큰 도움은 다름 아닌 그 사람의 눈높이로 내려와서 세상과 현실을 함께 바라보고 느끼는 일이다.

그 사람의 눈높이에서, 그 자리에서 친구가 되어 주는 것, 이것이 그 사람에게는 가장 좋은 도움이 될 수 있다. 따라서 사람을 도우려거든 먼저 그 사람의 눈으로 함께 세상을 바라보라. 상대방은 친구를 얻게 될 것이고 당신도 그에게 좋은 친구가 될 것이다.

55. 봉사는 자신을 돕는 일이다

남을 위해서 봉사한다는 것은 결국은 자기 자신을 돕는 일이 된다. 만약 당신이 우울증에 빠져 아무런 의욕이 없다면 어려운 이웃을 위해 봉사를 해 보라. 남을 도우면 당신의 건강도 조금씩 좋아질 것이다. 자기 자신의 관심사에만 빠져 있지 말고 적극적으로 남을 도우라. 남을 돕는 일이 자신을 돕는 일이다.

필자는 우울증 환자들을 많이 만나 보았다. 우울증 환자들은 햇빛을 보는 것을 싫어한다. 하루 종일 어두운 방 안에 드러눕고 햇빛을 보기 싫어서 커튼을 치고 지낸다. 우울증 환자들의 시선은 언제나 자기 자신에게 집중해 있다. 자기에게서 빠져나오질 못한다. 원인을 안에서 찾고 상황을 바꾸려 하지 않는다. 누에고치처럼 움츠러들려고만 한다.

이러한 우울증 환자의 병세가 호전되는 비결 중에 하나는 방에서 집 밖으로 걸어 나오게 하는 것이다. 우울증 환자는 햇빛을 보게 하면 달라진다. 햇빛이 밝게 비취는 야외나 공원을 걸어도 좋다. 많이 걷게 해야 한다. 걸으면 걸을수록 좋아진다.

또 가능하다면 사람들이 모이는 곳에 가게 하면 좋다. 다른 사람과 대화를 하면 증세는 조금씩 좋아진다. 우울증 환자들의 시선을 자기에게서 밖으로 돌리게 하는 것이 증세를 호전시키는 방법 중에 하나다.

사람은 다른 사람을 도울 때 자연스럽게 시선이 나 자신에게서 타인에게로 옮겨 간다. 시선이 타인을 향하게 될 때 건강해진다. 자신에게 집착하거나 자신의 문제에만 빠져 있는 시선은 병을 유발하기 쉽다. 병에서 헤어 나오기도 어렵다.

이기적인 시각은 우울증을 일으키기 쉽다. 따라서 가능

하면 눈을 밖으로 향해야 한다. 눈을 들어 나에게서 타인에게로 옮기고 그들을 도와 보라. 생기가 돌게 될 것이고 살아가는 맛이 다시 생길 것이다.

56. 봉사하면 병도 고쳐진다

구세군의 창시자 윌리엄 부스(William Booth, 1898~1973)는 매우 병약한 사람이었다. 청년기에 그가 병원을 찾았을 때 의사는 충격적인 말을 했다.

"이런 몸 상태로 계속 과로하면 1년을 넘기기 어렵습니다. 휴식이 최고의 묘약입니다."

의사의 말을 들은 윌리엄 부스는 그 말에 크게 위축되지 않았다. 그 대신 규칙적인 생활과 사회의 약자들을 돕는 봉사활동을 하기로 결심했다. 그는 건강에 대한 주위의 우려를 말끔히 씻고 83세까지 장수했다.

사회의 약자를 돕는 일에 전념했던 윌리엄 부스는 정신적 건강과 더불어 육체적 건강도 유지할 수 있었다. 윌리엄 부스가 찾은 건강의 비결은 이렇게 사람들을 돕는 데 있었다.

그의 아들 브람웰 부스도 병약하기는 마찬가지였다. 그는 다른 사람의 도움이 없이는 계단을 오를 수도 없었다. 사람들은 그가 스무 살을 넘기기도 어려울 것이라며 혀를 찼다. 그러나 브람웰 부스도 73세까지 열정적인 삶을 살았다. 그의 삶은 온통 '봉사'와 '사랑실천'으로 채워져 있었다.

타인에 대한 봉사의 삶은 '장수'와 '건강'이라는 선물을 동시에 준다. 남을 위해 봉사하는 사람들은 대부분 건강하고 행복한 인생을 누리게 되는데 비결은 시선을 자신에게 두지 않고 타인에게 두기 때문이다. 결국은 남을 돕는 것은 곧 자신을 돕는 일이 된다.

57. 먼저 자신을 넘겨주라

가을날 시골 동네의 감나무에는 맛있는 감이 탐스럽게 열려 있다. 감나무에게는 붉은 감이 주렁주렁 달려 유혹한다. 감은 붉은색으로 사람들의 시선을 유혹한다. 사람만이 아니다. 어떻게 알았는지 새들도 잘 익은 감을 부리로 쪼개고 맛을 본다.

감나무는 태어나서 한 발자국도 움직일 수 없다. 따라서 감나무는 씨를 퍼뜨릴 특단의 방법이 필요하다. 씨앗의 이동이 불가능하다면 어미 감나무 밑에 떨어진 씨앗은 모두 죽게 된다. 어미 감나무의 그늘 아래에서는 새싹이 나서 클 수 없기 때문이다.

그러기에 감나무는 동물들이 자기의 씨를 운반해 주는 방법을 모색한다. 감나무가 생각해 낸 것은 탐스러운 붉은 열매를 만드는 것이다. 맛있게 생긴 감을 맺으면 사람들이 먹거나 날 짐승이 물고 가 멀리 떨어지면 묘목이 되고 튼튼한 감나무로 성장하게 된다.

이와 같이 감나무가 선택한 전략은 지혜롭다. 먼저 사람이나 동물들에게 맛있는 미각을 제공하고 자신의 씨앗을 멀리까지 이동하게 만드는 감나무의 전략이 지혜롭게 느껴진다.

감나무의 전략은 이기적인 동기에서 시작된 것이다. 감나무는 씨앗을 더 많이 더 멀리 퍼뜨려야겠다는 동기에서 출발한다. 그러나 감나무는 맛있는 감을 사람과 동물들에게 제공해 주고 자신의 목적을 이루게 된다. 사람으로 하여금 씨앗을 멀리까지 이동하게 만드는 것이다.

우리는 감나무에게서 지혜를 배워야 한다. 자신의 목적을 이루길 원한다면 먼저 남을 도와야 한다. 남을 돕는 것이 곧 나를 돕는 것이다. 남을 적극적으로 돕다 보면 결과적으로 자신이 도움을 받게 된다. 먼저 팔을 걷어붙이고 남을 도우라. 그렇다면 분명 좋은 결과를 얻게 될 것이다.

58. 봉사가 인생을 풍요롭게 만든다

필자가 병원에 있을 때의 일이다. 암 투병하던 40대 여자 분이 계셨다. 김현란(가명) 씨는 유방암으로 하루하루를 힘들게 투병하고 있었다. 유방암의 투병으로 지칠 대로 지친 현란 씨의 몸은 많이 말라 가고 있었다. 투병으로 인해 머리에는 탈모가 심해서 평소에는 모자를 쓰고 지냈다.

그러던 어느 날 그녀가 내게 이런 말을 했다.

"제가 이다음에 나으면 꼭 봉사하면서 살고 싶어요."

이 말을 하고는 그녀의 눈에 눈물이 고였다. 살고 싶은 간절함이 엿보였다.

내가 현란 씨에게 물었다.

"투병을 끝내고 완쾌되면 앞으로 꼭 하고 싶은 봉사가 있다면 무엇인데요?"

"저와 같은 환자들이나 고아원에서 아이들을 돌보면서 봉사하고 싶어요. 사실 병원에서 이렇게 투병하기 전까지는 몰랐는데 삶에서 가장 가치 있는 일이 남을 위해서 봉사하는 일이라는 것을 깨달았어요."

그녀는 남을 위해 봉사하는 일이 삶을 가치 있게 하는 일임을 투병을 통해서 조금씩 깨닫고 있었다. 이후 이현란 씨의 유방암은 완쾌되었고 지금은 조금씩 시간을 내어 사회단체에서 자원봉사에 참여하고 있다.

사람은 남을 위해서 봉사할 때 느끼는 기쁨이 가장 크다. 봉사를 한다는 것은 자기 자신에 갇혀서 지내는 이기적인 마음을 넘어서게 하고 봉사하는 사람에게는 기쁨을 준다.

봉사란 이렇게 자기에게 갇혀 지내는 시선을 거둬들이게 한다. 시선을 크고 넓게 만들어 주고 타인을 포용할 수 있는 넓은 가슴을 준다. 기회를 만들어서라도 봉사에 적극적으로 동참하라.

59. 어려움 속에서도 봉사하라. 김기창 화백

운보 김기창 화백(金基昶, 1913~2001)은 인촌 상 공공 봉사 부문 수상자로 수상을 한 적이 있다. 그때 운보는 이런 말을 했다. "예술이란 아름다움을 추구하는 것인데 궁극적인 아름다움은 남을 위한 봉사에서 찾을 수 있습니다. 작업을 통해서는 정적(靜的)인 기쁨을 얻을 수 있고, 봉사에서는 동적(動的)인 기쁨을 얻을 수 있습니다." 예술을 통한 남을 위한 봉사라는 말에서 그의 남을 위한 남다른 봉사관을 엿볼 수 있다. 그리고 그는 현실적으로도 봉사에 동참했다.

운보 선생은 4세 때 홍역을 심하게 앓고 난 뒤, 후유증으로 7세 때 청각장애 증세가 나타나자 그림 그리기를 시키기 시작했다. 그때부터 지금까지 약 70년간 그림을 그린 그는 돈을 벌어서 청음회관을 설립했다. 한국 농아복지회 회장이 되어서 매년 1억 원이 넘는 돈을 기부했다. 불행한 청소년들을 위해서 그 돈을 기부했다.

그는 자신이 경험했던 장애인의 삶을 누구보다도 잘 알고 있었다. 자신이 성장한 후에도 장애인에 대한 봉사를 잊지 않았다. 예술도 타인에 대한 봉사라고 했듯이 그는 자신의 재산도 남을 위해서 사용한 참 예술가였던 것이다.

60. 어린이의 순수한 마음처럼

어린 시절 이토정(李土亭, 1517～1578)은 서당에 다녔다. 어느 날 서당에 갔다가 도포를 입지 않고 그냥 적삼바람으로 귀가하였다.

그의 어머니가 의심쩍어 물어보았다.

"도포는 어디에 두고 왔느냐?"

"그거야 사람이 입었을 게 아닙니까? 아무 걱정하실 것 없습니다."

"그렇지만 어찌했느냐는 말이다."

"집으로 돌아오는데 홍제교 위에 거지 아이 세 명이 쭈그리고 앉아 있는데 이 추운 날에 벌벌 떨고 있지 않겠습니까. 그래 도포를 벗어 세 조각으로 쪼개서 거지 애들이 살을 내놓은 어깨를 가려 주고 왔지요."

어린 이토정의 마음처럼 나이가 어릴수록 어려운 사람에 대한 연민과 동정을 행동으로 옮겨 놓을 확률이 크다. 어린이는 느끼는 대로 행동하기 때문이다. 어른이 되면서 점점 셈에 빨라지게 된다. 내게 득이 되지 않으면 도우려 하지 않는 이기적인 어른이 되어 간다. 어른이 된 후에는 어린이의 마음을 때로는 주목해 보아야 한다. 이따금씩 어린이의 순수한 마음이 사람을 살리는 지름길이 되기 때문이다.

61. 이타적 인간으로 살아라

'논 아흔아홉 마지기 가진 놈이 한 마지기 가진 놈 보고 팔라고 한다.' 이 말은 가진 사람이 더 가지려 한다는 이기적인 인간의 실상을 드러내는 속담이다. 보통 사람들은 이런 마음을 갖게 되는 것이 사실이다. 과연 인간의 본성은 이기적인가?

이스라엘 히브리 대학 연구팀에 따르면 AVPR1a라는 단

백질 유전자의 유무로 자선가와 구두쇠를 구별할 수 있다고 한다. 연구팀에 의하면 성인의 DNA 샘플을 조사한 결과 AVPR1a가 있는 사람은 없는 사람보다 50%나 더 많은 돈을 타인에게 기부했다는 것이다. 인간의 이타행(利他行)과 유전자와의 관계가 있다고 하니 흥미롭기도 하다.

하지만 인간의 이기적인 본성을 억제하고 본능을 뛰어넘어 이타적인 행동을 하는 사람들도 있다. 얼마든지 이기적인 계산과 행동을 할 수도 있지만 그렇지 않은 경우도 있다. 개인적인 이익을 추구하기보다는 보다 큰 틀에서 자기의 이익을 나누려는 사람들이 있다.

월간 조선의 이상헌 씨는 아버지의 가르침을 잊지 않고 있다. 그의 아버지는 "부귀영화는 한때 입었다 벗는 옷에 불과하다"라고 아들에게 가르쳤다고 한다. 참으로 옳고도 지혜로운 가르침이다.

부귀영화가 영원할 것처럼 붙잡는 삶을 지속한다면 인생을 낭비한 확률이 높다. 잠시 자신에게 찾아온 부귀의 옷을 언젠가는 모두 벗어야 한다. 잠시, 지금 이 순간에만 입게 되는 옷이다. 내게 있는 부귀의 옷은 언젠가는 벗게 될 때가 찾아온다. 부귀의 옷을 벗을 날을 생각하며 삶을 산다면 삶은 훨씬 수월해질 것이다.

자신에게 찾아온 부귀의 옷을 남을 위해 사용한다면 더 현명하지 않겠는가? 남을 위한다는 마음은 있어도 그것을 기부나 봉사에까지 이어서 실천에 옮긴다는 것은 쉽지 않다. 자신의 부를 남을 위해서 기부를 실행에 옮기는 행동은 평소부터 조금씩 실천하지 않으면 불가능한 일이다.

한국유리의 창업자 최태섭(1910~1998) 회장은 우리에게 많은 시사점을 던져 준다. 최태섭 회장은 "왼손이 한 일을 오른손이 모르게 하라"는 신념으로 일생을 남들이 모르게 봉사의 삶을 살았다.

유산은 자식들에게 남기기보다는 사회에 환원해야 한다는 뜻을 가지고 살았고 그렇게 실천했다.

최태섭 회장이 소천한 때는 1998년 88세의 나이였다. 그는 평소에도 가슴에 유언장 한 장을 가지고 다녔다. 유언장에는 이렇게 적혀 있었다. "나를 위해 단 한 편의 땅도, 단 한 칸의 집도 남기지 말아 주십시오. 내가 하늘의 부름을 받은 그날부터 나의 모든 소유는 이 사회를 밝히는 데 사용해 주십시오." 이 유언장대로 그의 재산은 사회에 환원되었다. 최태섭 회장은 자신이 입고 있는 부를 자신의 것으로 여기지 않고 이웃을 위해 사용한 참 멋진 삶을 살다 갔다.

62. 버리지 못하는 것이 비만이다

영국의 생활평론가 '카렌 킹스턴'은 재미있는 연구결과를 발표했다. 그는 뚱뚱한 사람들에게 있는 한 가지 공통점을 찾아냈다. 그에 의하면 아주 뚱뚱한 사람들에게는 공통점이 있는데 대체로 물건을 버리지 않는 습관을 가지고 있었다고 한다.

킹스턴 씨는 이렇게 말하고 있다. "필요 없는 것을 품에 안고 있는 사람은 뚱뚱해지는 경우가 많다." 옳은 말이다. 필요 없는 것을 자꾸 모으는 습관은 몸과 마음에 모두 영향을 주게 되어 육체도 살이 빠지는 방향보다는 살을 모으는 방향으로 기울어지게 된다.

이 이야기는 비록 사람의 육체에만 해당되는 것이 아니다. 경제적인 부분에서도 지속적으로 돈을 모으는 습관이 생기면 부자가 될 수 있다. 돈을 모으는 것은 분명 부자가 되는 법칙 중에 하나다. 부자가 되려면 돈을 쓸 때는 신중하게 생각하고 돈의 지출을 줄이는 사람이 부자가 될 수 있다.

그런데 불행한 것은 부자가 되고 난 이후에는 돈을 적절하게 소비하지 않으면 경제적 '비만증'을 앓게 된다는 것이다. 모으는 것만이 능사가 아니라는 말이다. 꼭 필요한 곳에는 돈을 아끼지 않고 사용할 줄도 알아야 한다. 사용하지 않으면 그것이 경제적 비만이 될 수 있음을 기억해야 한다. 필요하다면 적절한 곳에 돈을 사용할 줄 아는 지혜가 필요하다고 하겠다.

63. 재산은 사회에 환원하라

르네상스 시대에 이탈리아에서는 직물업과 금융업의 발전으로 많은 상인들이 부를 축적할 수 있었다. 특히 피렌체에서는 많은 부자들이 나왔지만 존경받는 부자가 되기 위해서 조건이 있었다. 존경받는 부자가 되기 위해서는 먼저 돈을 어떻게, 어떤 방법으로 벌었느냐를 보았다. 돈을 모으는 과정이 정당하지 못한 사람은 졸부 취급을 받았다. 부자가 되어도 존경받지 못했다.

당시 부자가 되는 또 다른 기준으로는 평생을 모은 재산을 교회 건립에 얼마나 기부했느냐에 따라서 존경받는 부자가 될 수 있었다. 요즘으로 말하자면 사회적 책무를 다한다는 차원에서 사회복지재단이나 공공재단에 얼마나 기부를 했느냐를 중요한 기준으로 보았다.

이 시대에는 돈을 많이 벌긴 했지만 돈의 출처가 깨끗하지 못하거나 돈을 사용하는 과정에서 보여 준 사회적 책임

의 형태가 없다면 진정한 부자로 인정하지 않았던 시대였
다. 과연 그렇다면 오늘날 우리에게도 진정한 부자는 존재
하는 것일까?

미국에 록펠러(John Davison Rockefeller, 1839～1937)라
는 기업가가 있었다. 20세에 기업을 시작하여 30대에 이미
백만장자가 되었고 43세 때에는 세계 제일의 부자가 되었
다. 하지만 불행하게도 53세 때에 병이 들어 그 많은 재산
과 성공이 그에게 아무런 유익을 주지 못하게 되었다. 그의
병세는 악화되어만 갔다. 머리카락이 다 빠져 문어 머리처
럼 되었고 소화가 안 되어 하루에 고작 비스킷 몇 조각과
우유 한 잔 정도로 연명케 되었다. 돈도 병 앞에서는 소용
이 없었다.

밤새 잠을 못 이루고 침실을 서성거리기만 하였다. 당시
의 신문사들이 <록펠러, 드디어 사망하다>라는 기사를 써
두고 그가 숨지는 때를 기다렸다. 이런 처지에 이른 그가
어느 날 한밤중에 침실을 서성거리다가 탁자 위에 놓인 성
경을 열어 눈에 띄는 구절을 읽었다. 그리고는 충격을 받았
다. 이때 받은 충격으로 록펠러의 삶이 바뀌었다.

"주라 그리하면 너희에게 줄 것이니 곧 후히 되어 누르
고 흔들어 넘치도록 하여 너희에게 안겨 주리라."(눅6:38)

이 성경 구절을 읽은 순간 자신이 그간에 인정사정없이
모으기에만 열중하였지 주는 일에는 전무하였음을 깨달았

다. 그리고는 이제부터 나누어 주는 삶으로 바꾸기를 다짐하고 그 방법으로 록펠러 재단을 구성하여 온 세계를 대상으로 나누는 일에 진력하였다. 이런 일을 성실하게 실천에 옮기면서 그의 병세가 호전되기 시작하였다. 빠진 머리카락이 다시 나게 되고 소화가 되기 시작하고 단잠을 잘 수 있게 되었다고 한다.

그는 이후에 록펠러 재단(Rockefeller Foundation)을 세웠다. 록펠러 재단은 세계적으로 널리 알려진 공익재단으로 성장했다. 그의 재단은 인류 전체의 복지를 위한다는 목적으로 운영되고 있다. 그는 사회 공익적 차원의 기부를 실천하고자 시카고 대학을 비롯해 12개의 종합대학과 12개의 단과대학 및 연구소를 지어 사회에 기증했으며 4,928개의 교회를 건축했다.

록펠러 재단의 영향력은 현재에도 전 세계적으로 계속되고 있다. 그가 실천한 기부의 정신은 노블레스 오블리주를 실천한 기업가로 기억되게 만들었다. 부자라고 모두 존경받는 것은 아니다. 진정한 부자는 그의 합당한 실천이 있어야 한다.

록펠러는 죽음의 문턱에서 삶의 의미를 깨닫게 되었고 계기가 되어 봉사의 삶을 살게 되었다. 사람은 진지하게 삶의 의미를 묻다 보면 깨닫게 되는 시점이 온다. 인생이란 남을 위해 봉사할 때 가치와 의미로 채워지고 풍요로워진다. 이 사실은 만고불변의 진리임에 틀림이 없다.

64. 카네기에게 배운다

'존경받는 부자'로 알려진 강철왕 앤드루 카네기(Andrew Carnegie, 1835~1919)는 자신의 부를 사회에 환원한 기업인으로 정평이 높다. 그는 재산의 대부분을 사회에 환원했다. 사업에서 은퇴한 카네기는 이후 나눔 경영을 실천하면서 제2의 인생을 살다갔다.

카네기는 이렇게 말한다. "부의 축적은 가장 저급한 우상 숭배에 불과하다. 인간에게는 숭고한 우상이 있어야 한다." 그는 더 가치 있는 인생 목표, 즉 소외된 자들을 돕거나 사회의 인프라를 확충하기 위한 기부 풍으로 인생 목표를 잡아야 한다고 생각했다.

카네기의 자선을 살펴보면 자신의 재산을 사회 봉사활동을 위해 2억 3,600만 달러에 달하는 기금으로 1911년 카네기재단을 설립했다. 재단을 설립한 이후 자선사업에 쏟아부은 돈이 자그마치 5억 달러에 이르고 그가 지어서 사회에 헌납한 도서관만도 2,500여 곳에 달한다. 그는 상상을 초월할 정도의 기부를 실천했다.

카네기는 자선활동은 일종의 노블레스 오블리주(Nobless Oblige)정신에 가깝다. 부자로 먼저 희생하는 모습을 보여주었기 때문이다. 그의 생각은 좀 남달랐다. 그는 이렇게 생각했다. "홀로 모든 것을 이뤄 낼 수는 없다. 주변에 있는 사람들을 부자로 만들어야 당신도 부자가 될 수 있다." 카네기는 자기만 부자로 살겠다는 욕심이 없었다. 그는 주변 사람들을 부자로 만들려고 노력했고 남들을 부자로 만들고 싶다는 생각에 자신의 재산을 대부분 사회에 환원했다. 부를 공유하길 원했다. 이런 그의 모습이 참 부자의 모습이 아닌가 싶다.

카네기의 묘비에는 이렇게 적혀 있다. "자신보다 현명한 인물을 주변에 모이게 하는 법을 터득한 자가 이곳에 잠들다." 옳다. 카네기는 자기 주변에 현명한 사람들을 모았고 그들로 하여금 부를 얻도록 도왔다. 자신이 얻은 부는 사회에 환원함을 통해서 구성원 전체가 부를 누릴 수 있도록 했다. 그가 미국사회에 끼친 기부의 영향력은 기부의 전통으로 자리매김하였고 지금껏 좋은 영향을 발휘하고 있다.

65. 기부의 문화를 만들어 가라

워렌 버핏(Warren Edward Buffett, 1930~)은 자타가 공인하는 세계 최고의 부자다. 워렌 버핏의 재산은 총 재산 620억 달러(약 58조 원)다. 우리는 그를 영악한 부자로 치

부할 수도 있다. 그러나 빛과 그림자는 누구에게도 있다. 그는 돈을 모았지만 자선 활동에 힘을 모았다.

워렌 버핏은 2003년부터 5년간 37조를 기부해 왔다. 이렇게 많은 기부를 한 버핏은 "앞으로 재산의 99% 이상을 어떤 형태로든 사회에 환원할 생각"이라고 말했다.

워렌 버핏은 미국의 부당한 세금 문제를 이렇게 지적했다. "미국의 세금제도는 부자를 더욱 부자로 만들고 있다. 부모가 부자라는 이유만으로 자식이 부자가 되는 사회는 미국이 지향하는 사회가 아니다."

부자이면서도 부를 자식에게만 물려주지 않을 것이라고 말하는 워렌 버핏에게서 미래의 희망을 엿보게 된다. 돈을 물려주지 말고 사회에 환원하라.

봉사를 왜 해야만 하는가? 섬겨야 할 이웃이란 자신에게 있어서 어떤 존재인가? 조금은 철학적으로 들리지만 봉사의 이유에 대해서 분명한 안목과 이웃에 대한 안목이 있어야 한다.

자신이 섬기는 이웃, 즉 타인은 우리에게 누구인가? 안셀름 그륀(Anselm Grun, 1945~)에 의하면 "타인은 신비"다. 그는 이렇게 말했다. "중요한 것은 타인은 신비라는 마음가짐이며 타인에 대해 경외심을 가지는 것이다. 무한한 신비의 빛이 타인을 관통하고 있음을 감지해 냄으로써 늘 새롭게 성장한다."

그렇다. 타인은 내 이성으로는 다 포착할 수 없는 신비스러운 존재다. 그 사람이 덜 배우고 더 배웠든지 덜 건강하고 덜 가졌더라도 그 한 사람을 우리는 모두 다 파악할 수조차 없다. 왜, 어디에서 왔는지, 어디로 향하고 있는지 우리는 그를 알지 못한다.

단지 그 사람 안에 깃들여 있는 무한한 신비의 빛을 바라보며 그를 위해 봉사하는 것으로 타인 신비를 어렴풋하게 감지하게 된다. 이웃이 지닌 신비를 알고자 한다면 겸허한 마음을 가지고 대할 때 그 신비의 빛을 맛보게 될 것이다.

무한히 경이로움으로 이웃을 대하게 될 때 그들을 위한 희생의 마음이 흘러나올 것이다. 겸허한 마음을 지닐 때 이웃을 위해서 사랑하고 봉사할 수 있는 용기가 나오게 될 것이다.

66. 혼자서는 누구도 살 수 없다

미국 워싱턴 D.C. 놀런 크리크에는 세계에서 세 번째로 키가 큰 측백나무 한 그루 서 있다. 그런데 이 측백나무에는 자연의 교훈이 새겨져 있다.

30여 년 전 정부의 허가를 받은 벌목꾼들이 숲의 오래된 나무들을 베어 냈다. 그때 이 측백나무도 벌목 대상에 들어 있었다. 전기톱을 들고 나무를 베러 온 사람들은 세상에서 세 번째로 큰 나무를 차마 베어 버릴 수 없었다. 결국 벌목꾼들은 기념비적인 이 나무만 살려 두기로 결정했다. 함께 자라던 주변의 나무들이 다 베어지고 측백나무는 혼자 덩그러니 살아남았다.

하지만 특별히 보호를 받은 나무는 서서히 죽어 갔다. 사람들은 당황스러웠다. 대단한 기록을 가진 이 나무를 살리기 위해 많은 노력을 기울였지만 점점 말라 가던 측백나무는 결국 뼈대만 앙상하게 남아 하얗게 바랬다. 사람들은 뒤늦게 측백나무가 말라 죽은 원인을 알게 되었다.

아무리 큰 나무라 해도 허허벌판에서 혼자 거센 바람을 맞으며 살아갈 수는 없다는 것이었다. 게다가 나무들이 잘려 나가면서 이끼와 지의류도 죽어 버리자 측백나무도 따라 죽어 갔다.

이렇게 다른 나무들과 함께 살았던 나무는 혼자서는 살아갈 수 없었다. 사람도 마찬가지다. 혼자서는 결코 살 수 없다. 사람은 더불어 살아가는 존재들이다. 어느 누구도 독불장군이 되어 살아갈 수는 없다. 힘들게 하는 이웃이라도 그 이웃 때문에 내가 존재한다는 사실을 기억해야만 한다. 이웃으로 인해 내 자신이 존재할 수 있다.

67. 이웃을 위해 자기 목숨도 던져라

탈출한 한 명의 포로 때문에 아우슈비츠에 비상이 걸렸다. 수용소장 프리츠는 막사의 포로들을 전부 집합시켰다.

"너희가 탈출을 방관했으니 대신 너희들 중 열 명을 뽑아 처형한다."

"너, 너, 그리고 너!"

수용소장은 사형에 처할 포로들을 마구 지적하기 시작했다. 지적당한 사람은 새하얗게 질린 채 열에서 나왔다. 물을 끼얹은 듯한 침묵 속에서 거친 숨소리만이 한숨인 양 들려왔다. 아홉 명이 끌려 나오고 마지막 한 명이 지목되자 그 사람은 수용소장의 군홧발 밑에 엎드려 울면서 애원했다.

"제발 소장님, 제겐 아내도 있고 자식도 여러 명 있습니다. 살려 주세요."

그러자 경비병들이 달려와 그를 마구 짓밟기 시작했다. 바로 그때, 대열 뒤쪽의 한 포로가 경비병들을 헤집고 나와 쓰러져 피 흘리는 사람을 감싸 안고는 대신 자신의 몸으로 경비병들의 구둣발을 막았다. 그 광경이 너무 황당해서 소장이 물었다.

"어, 웬 미친놈이냐?"

그러자 그 이상한 포로는 소장을 올려다보며 부탁했다.

"저 사형수 대신 내가 죽겠소."

"뭐라구? 그럼 네가 이 녀석 대신 죽겠단 말이냐? 친척이라도 된단 말이냐?"

"친척은 아니오만, 우리 모두는 다 같은 형제요. 이 사람은 처자가 있으나 내게는 처자가 없소, 그러니 내가 대신 죽는 게 낫지 않소?"

이렇게 이상한 포로는 다름 아닌 막시밀리안 콜베(Maximilien Kolbe, 1894~1941) 신부였다. 그는 스스로의 뜻에 따라 다른 아홉 명의 포로와 함께 죽음의 지하실에 내던져졌다. 옆의 지하 감방에서는 이미 20여 명의 불행한 사람들이 죽어 가고 있었다. 그곳은 한번 철문이 닫히면 모두 굶어 사망할 때까지 영원히 열리지 않는 콘크리트 방이었다.

밥은 물론, 물도 햇빛도 이불도 없었다. 지옥의 축소판인 이 '아사(餓死) 감방'은 사형수들의 아우성으로 떠나갈 듯했다. 다만 죽음만이 서서히 그들을 조용하게 만들 수 있었을 뿐이었다.

그런데 놀라운 일이 일어났다. 이번 사형수들은 아우성치지도 저주하지 않고 노래를 부르는 것이었다. 그리고 방금까지도 울부짖고 외치는 소리뿐이던 그 옆 감방도 자그마한 소리로 그 노래에 화답했다. 이 감방 저 감방이 기도와 노래로 화답하고 있었다. 그는 감방의 모든 사람에게 영혼의 깊은 감화력을 끼치며 기진한 아홉 명의 영혼에게 위로의 복음을 전했다. 콜베 신부는 마지막까지 생존자로 남아 있었지만 경비병들은 콜베 신분에게 독약 주사를 놓았다. 그는 맨 마지막으로 조용히 숨을 거두었다. 콜베신부의 나이 47세 되던 1941년 8월 14일이었다.

자신의 생명은 소중하다. 콜베 신부는 중요한 자신의 생명을 이웃을 위해서 내려놓았다. 그는 타인 안에 깃들여 있는 경이로운 신비를 보았다. 콜베 신부의 죽음은 이런 메시지를 담고 있다. "내가 죽고 당신이 사는 것이 곧 내가 사는 길입니다. 내 생명은 당신 안에 있습니다." 그렇다. 자신의 생명은 이웃 안에 있다. 이웃을 위해서 자신을 온전히 내어 주는 훈련을 하라.

68. 받은 만큼 돌려줘라. 오드리 헵번

사랑은 테니스처럼 주고받는 게임이다. 한쪽에서 공을 보내면 반대편에서 공을 잘 넘겨주어야 재미있는 경기가 펼쳐진다. 공을 넘겼는데도 반대편에서 공을 치지 못하고 흘려보낸다면 경기는 재미를 잃게 되어 중단하게 된다. 만약 테니스를 재미있게 하려면 공을 주고받는 리듬을 타야 한다. 상대방에게서 반응이 있어야만 가능하다.

사랑도 똑같아서 서로 관심의 공을 주고받을 때 관계는 깊어져 간다. 사랑은 테니스처럼 반응을 보여 주는 것이다. 받은 만큼 반응을 보여 주고 관심을 보여 주는 과정이 사랑이다.

2차세계대전 중 한 여자아이가 태어났다. 아이는 가난한 홀어머니 품에서 성장했다. 모녀는 전쟁의 와중에서 먹을 것이 없어 아사(餓死) 상태에 이르렀다. 그때 한 구호단체 직원이 굶주린 모녀를 찾아내 음식을 제공했다. 모녀는 구호품을 받아먹고 생명을 유지할 수 있었다.

그로부터 20여 년 세월이 흘렀고, 구호품을 얻어먹던 그 소녀는 세계적인 영화배우로 성장하게 되었다. 그녀는 1988년부터 1993년 사망할 때까지, 자신의 생명을 구해 준 유엔 아동기금(UNICEF)의 홍보대사가 되어서 전 세계를 누볐다. 그녀가 곧 오드리 헵번(Audrey Kathleen Ruston, 1929~1993)이다. 굶주렸을 때 누군가의 도움의 손길이 없었다면 그녀의 화려하고 아름다운 연기는 세상에 나타나지 못했을 것이다. 보이지 않는 곳에서 어려운 이들을 돕는 손길은 아름답다.

그녀가 이렇게 말했다. "이제 내가 받았던 사랑의 빚을 갚을 차례다. 나를 구해 준 단체를 위해 일하는 것은 지극히 당연하다. 나는 정말 기쁘다."

헵번은 자신이 받은 사랑을 사회에 돌려주기로 했다. 어릴 때에 받았던 사랑을 잊지 않고 사회에 더 많이 돌려 준

아름다운 배우로 기억되길 원했다. 그리고 자신이 받은 만큼, 아니 그 이상의 사랑을 사회에 쏟아부었다.

그녀는 1987년에 유니세프 UNICEF의 특별 대사로 지명된 후로 로버트 우더 Robert Wolders와 함께 에티오피아, 수단, 방글라데시, 베트남과 같은 어려운 나라를 방문하며 아이들을 돌보았다. 그녀는 어린이들을 위해서 봉사를 하던 중 암 진단을 받게 되었다.

오드리 헵번은 말년에 암으로 고통을 경험하면서도 봉사의 손길을 놓지 않았다. 그녀가 숨을 거두기 1년 전, 크리스마스 때 아들에게 편지를 썼다. 이 편지는 그녀의 마지막 유언으로 남게 됐다.

아름다운 입술을 갖고 싶으면 친절한 말을 하라. 사랑스런 눈을 갖고 싶으면 사람들에게서 좋은 점을 보아라. 날씬한 몸매를 갖고 싶으면 너의 음식을 배고픈 사람과 나누라. 아름다운 머리카락을 갖고 싶으면 하루에 한 번 어린이가 손가락으로 너의 머리를 쓰다듬게 하라. 아름다운 자세를 갖고 싶으면 너 자신이 혼자 결코 걷고 있지 않음을 명심해서 걸어라. 사람들은 상처로부터 복구되어야 하며 낡은 것으로부터 새로워져야 하고 병으로부터 회복되어야 하고 무지함으로부터 교화되어야 하며 고통으로부터 구원받고 또 구원받아야 한다.

결코 누구도 버려서는 안 된다. 기억하라 만약 네가 도움을 주는 손이 필요하다면 너의 팔 끝에 있는 손을 이용하면 된다. 네가 더 나이가 들면 손이 두 개라는 것을 발견하게 될 것이다. 한 손은 너 자신을 돕는 손이고 다른 한 손은 다른 사람을 돕는 손이다. 오드리 헵번.

헵번은 사람들을 위해 헌신했고 신화를 낳을 수 있었다. 그녀의 유언은 오늘도 사람들의 입에서 여전히 맴돌고 있다.

69. 헌신은 또 다른 헌신을 낳는다

보스턴의 한 보호소에 앤(Ann)이란 소녀가 있었다. 앤의 엄마는 죽었고 아빠는 알코올 중독자였다. 앤은 알코올 중독자인 아빠로 인한 마음의 상처를 받았고 보호소에 함께 온 동생마저 죽자 앤은 충격으로 미쳤고 실명까지 했다.

앤은 수시로 자살을 시도하고 괴성을 질렀다. 이것 때문에 앤은 회복 불능 판정을 받고 정신병동 지하 독방에 수용되었다. 모두가 치료를 포기했을 때 노(老) 간호사인 로라(Laura)가 앤을 돌보겠다고 자청했다. 오직 한 사람 로라만이 앤을 돌보았다. 앤이 시력을 되찾아 자립할 때까지도 로라는 정성을 다해 앤을 돌보았다. 앤은 로라의 헌신으로 다시 태어나게 되었다.

상처 받았던 앤이 바로 훗날 헬렌 켈러(Helen Adams Keller, 1880~1968)에게 빛을 던져 준 설리번 선생(Anne

Sullivan Macy)이다. 앤으로 불리었던 설리번 선생은 눈멀고 귀까지 먹은 어린 헬렌 켈러를 지극한 사랑으로 보살펴 주었다. 설리번 선생의 사랑은 어쩌면 당연한 것이었는지도 모른다. 사랑을 받아 본 사람이 사랑을 줄 수 있기 때문이다. 노 간호사 로라의 헌신이 설리번을 만들었고 설리번 선생은 우리가 알고 있는 위대한 헬렌 켈러를 만들었다.

한 사람의 헌신과 희생은 작은 곳에서 시작되지만 그 영향력은 지속된다. 헌신은 또 다른 헌신을 낳는 법이다. 지금의 작은 헌신이 이후에 다른 열매로 남게 될 것이니 지금 돕고 봉사에 동참하라.

70. 봉사의 흔적을 남기지 말라

사람은 일을 하면 그 흔적을 남기고 싶어 한다. 누군가가 알아주길 바라는 마음에서다. 하지만 일을 하되 흔적을 남기지는 마라. 누구에게 봉사를 했는지, 어떻게 도움을 주었든지 간에 그 흔적을 남기지 말라.

빨래를 하면 더러운 흔적이 사라진다. 빨래를 한 후에 깨끗한 옷감만을 바라보는 다른 사람들은 원래 그 옷이 얼마나 더러운 옷감이었는지를 모르게 된다. 누군가 깨끗하게 세탁

하여 수고했기 때문에 깨끗함만을 볼 수 있게 되는 것이다.

좋은 일을 실천하되 자신의 좋은 선행에 대한 기억을 지워야 한다. 자신의 좋은 선행을 지우겠다는 생각도 내려놓아야 한다. 자신이 실천했던 아름답고 선한 일들은 기억하지 않는 것이 좋다. 좋은 선행을 했다면 기억에서 잊어진다면 이보다 더 좋은 일은 없다.

들에서 피는 꽃은 자기에게 꽃이 환하게 피었는지도 모른다. 들꽃은 자신에게 꽃이 있는지 없는지 의식하지 않고 피고 또 진다. 들꽃은 누가 보아 줘야만 기뻐하는 존재가 아니다. 자기 스스로 꽃이 피어나고 꽃으로 존재하다가 지고 나면 낙엽처럼 드러눕는다.

당신은 아는가? 들꽃에도 향기가 있고 멀리까지 향기를 흩어 놓는다든 사실을? 비록 자신은 모르고 지내지만 스스로 향기를 지닌 들꽃이야말로 참 아름다운 존재라 하겠다.

의식하지 않되 향기를 지닌 삶이야말로 인간이 갖추어야 할 삶의 자세라 할 수 있지 않을까? 향기를 지니고 살되 향기를 의식하지 않고 사는 삶이 좋다. 자기 자신이 몰라야 한다. 자신의 향기를 의식하지 말고 살아가라.

71. 알아주길 바라지 말라

한 할머니가 외롭게 살고 있었다. 그녀는 만나는 사람마다 자신이 얼마나 외롭고 쓸쓸하게 사는지 반복적으로 하소연했다. 자신이 젊어서 자식들과 친척들 그리고 이웃들에게 얼마나 많은 노력과 사랑을 베풀었는지를 만나는 사람마다 설명을 반복해서 하곤 했다.

그녀는 당연하다는 듯이 자신의 노력과 헌신을 보상받겠다는 태도로 주변 사람들에게 다가섰다. 그런데 그녀가 자신의 희생을 설명하면 할수록 듣는 사람들은 고개를 돌렸고 오히려 냉랭한 반응만 돌아왔다.

희생에 대한 보답을 당연하게 여기는 태도에 자녀들과 친척들 그리고 이웃들의 마음은 점점 그녀에게서 멀어져 갔다. 결국 사람들은 점점 그녀에게 등을 돌렸고, 그녀의 노후는 더 외로워질 수밖에 없게 되었다. 무엇이 그녀를 이토록 외롭고 쓸쓸하게 만든 것일까?

영국 캠브리지 대학교수들의 연구에 의하면 "많은 노인들이 외롭고 불행할 수밖에 없는 이유는 자신이 베푼 사랑을 회수할 권리가 있다고 믿기 때문이다"라는 것이다. 자기가 베푼 사랑은 돌려받아야 한다는 생각 때문에 노인들이 불행한 삶을 살고 있는 것이다.

자신이 베푼 헌신과 희생을 회수할 권리가 있다고 생각하지 마라. 베푼 희생과 사랑은 자연스럽게 잊어버려라. 자신이 베푼 것으로, 희생한 것으로 만족하라. 남들이 알아주기를 원한다면 그때부터는 외롭고 쓸쓸한 삶이 기다리고 있음을 명심하라.

노인들은 나이가 들수록 자신의 삶을 돌아보게 된다. 돌아보는 것까지는 좋은데 자기의 삶을 정당화하려 들고 자기를 알아 달라고 조른다. 또한 자신이 걸어온 길에 대해서는 모든 것을 미화시키려는 경향을 보인다. 이렇게 되면 과거에 가졌던 마음은 보이지 않는 틀에 갇히게 되고 고집은 더욱 굳어져 간다.

사실 자기를 정당화하는 사람은 주변 사람들이 싫어하기 마련이다. 따라서 자기를 부정하되 정당화하지는 말라. 인정받기를 원한다면 좁은 공간에서 나오라. 숨이 탁 트이는 넓은 공간으로 나와야 한다. 좁은 공간에서 나올 때 자신을 잊을 수 있다.

이미 주었거든 잊어버려라. 잊어버리는 삶이 행복한 삶이다. 이런 이야기가 있다. 중국 당나라 때 '송청'이라는 유명한 약장수가 있었다. 그는 약을 조제하는 데 탁월한 재주가 있었다. 그의 약을 먹고 병이 나은 사람이 많았다. '송청'은 돈 없는 가난한 사람들에게 외상으로 약을 지어 주었다. 연말이면 외상 장부가 수십 권에 이르렀다. 그러나

한 번도 약값을 독촉하는 법이 없었다.

대신에 그는 연말이면 외상 장부를 모두 불태워 버리고 두 번 다시 약값을 묻지 않았다. 어떤 사람은 이런 그를 '어리석은 사람'이라고 비웃었고, 어떤 사람은 '대단한 인물'이라고 추켜세우기도 했다. '송청'의 대답은 간단했다.

"나는 어리석은 사람도 대단한 사람도 아닙니다. 40년 동안 약장수를 하면서 수백 권의 외상 장부를 태웠지만 크게 손해 본 적은 없습니다. 약값을 떼어먹은 사람도 있으나 나중에 출세해서 약값보다 훨씬 많은 보답을 하는 사람도 있습니다. 선을 베푸는 것이 항상 손해 보는 장사만은 아닙니다."

송청은 진정으로 존경받을 만한 사람이다. 송청과 같은 진정한 영웅은 자신이 영웅이라는 자각을 가지고 살지 않는다. 영웅은 자신의 지위나 신분을 의식하지 않고 살아가는 사람이다.

우찌무라 간조(內村鑑三, 1861~1930)는 영웅에 대해서 이렇게 말했다. "사회운동이라 하여 요란스럽게 뛰어다녀야만 안심하는 사람은 아직 혁신가의 성품을 갖추지 못한 사람이다. 먼저 운동이란 관념을 버려라. 영웅의 흉내를 내지 마라. 자기가 영웅임을 자각하지 못하는 바가 영웅의 특성이다."

그렇다. 인정받고 싶다는 마음에서 벗어나야 한다. 과거로부터 자유로워야 하고 자신의 선행으로부터도 자유로워져야 한다. 비록 어려운 일이긴 하지만 좋은 일을 행했던 과거의 기억으로부터 온전히 자유로워져야 한다. 그때 비로소 선행은 스스로 열매를 맺게 될 것이다.

마더 테레사의 기도

오! 사랑의 주님
존경받으려는 욕망으로부터
사랑받으려는 욕망으로부터
칭찬받으려는 욕망으로부터
명예로워지려는 욕망으로부터
신뢰받으려는 욕망으로부터
인정받으려는 욕망으로부터
인기를 끌려는 욕망으로부터
모멸받는 두려움으로부터
경멸받는 두려움으로부터
질책당하는 두려움으로부터
비난당하는 두려움으로부터
잊히는 두려움으로부터
오류를 범하는 두려움으로부터
우스꽝스러워지는 두려움으로부터
의심받는 두려움으로부터
자유로워지게 하소서
- 아멘 -

72. 나무를 심는 마음

탈무드에 나오는 이야기다. 어떤 사람이 도토리나무를 심고 있는 노인을 바라보고 있었다. 그는 노인에게 도토리 나무가 언제쯤 열매를 맺을 것인가를 물었다.

"아마 70년 후쯤 되겠지." 노인의 대답했다.

그 남자가 다시 물었다.

"할아버지께서는 그때까지 살아 계실 거라고 생각하십니까?"

"내가 태어났을 때 세계는 황량한 곳이 아니었소. 나의 선조들은 내가 태어나기 전에 나를 위해 나무를 심었던 것이요, 그러기에 나도 후손들을 위해 나무를 심고 있는 거요."

나무를 심되 자신이 열매를 따서 즐길 것을 바라지 말라. 나무를 심는다는 것은 열매를 맛보기 위함이 아니라 뒤를 이어오는 다음세대를 위한 행동일 뿐이다. 나무를 심는 것은 이 땅을 사는 모든 사람들의 당연한 의무임을 기억하라.

73. 사람들에게 잊히라. 앙리 뒤낭

어려운 사람들을 돕되 아무런 대가를 바라지 말고 도와보라. 앙리 뒤낭(Jean Henri Dunant, 1828~1910)은 적십자를 세우고도 말년을 쓸쓸하게 보냈다. 좋은 일을 하고도 인정받지 못한 삶의 표상이 뒤낭의 삶이다. 그의 삶을 통해서 선행을 행한 사람들의 삶의 결과를 조금은 엿볼 수 있다.

스위스에서 1828년 5월 84일 태어난 사업가 앙리 뒤낭은 이탈리아 통일전쟁이 일어나던 시기에 세상에 나왔다.

1858년 이탈리아 통일전쟁 때의 일이다. 뒤낭은 제분회사의 수리권(水利權)을 얻고자 북이탈리아로 나폴레옹 3세를 찾아가던 길에 우연히 이탈리아의 솔페리노 전쟁의 결과를 목도하게 된다. 이때 오스트리아군은 프랑스의 피에몬테 군과 전투를 벌였다. 30만 명 이상의 병력이 대치하고 있던 전선은 그 길이가 20km에 달했다.

그날 저녁 싸움터에는 4만 명이 넘는 사상자들이 쓰러져 있었다. 양측 군대의 결정적인 피의 접전은 6월 24일 솔페리노 전투로 뒤낭은 이날 전투가 15시간 이상 진행되어 끝났을 때 처참한 광경을 목격하게 되었다. 나뒹구는 시신들, 신음하는 부상자들, 뒤낭은 가던 길을 멈추고 사람들을 돕기 시작했다.

뒤낭은 마을사람들의 도움을 얻어 부상자들을 돌보았다. 국적이나 소속에 상관없이 도움의 손길을 필요로 하는 사람들 모두를 돌보았다.

이후 솔페리노의 전투에서의 봉사경험은 그의 삶을 송두리째 바꿔놓았다. 심각한 전쟁에서 고통당하는 사람들의 문제를 해결하기 위한 관심이 삶의 전부로 변해 갔다.

1852년 솔페리노의 회상을 책으로 출간하며 부상자들의 치료와 봉사원 조직의 필요성을 역설한다. 이후 1863년 제네바에 있는 네 명의 친구들과 함께 적십자를 창설하게 된다. 또한 1864년 국제회의를 통해 국제인도법에 관한 최초의 협약을 만들었다.

뒤낭의 좋은 제안들은 사람들에게 받아들여졌다. 하지만 역설적으로 뒤낭은 자신이 제안한 새로운 제안과 조직에서 점점 멀어져만 갔다.

불행한 일이 찾아왔다. 1867년 그는 자신의 회사를 정리할 수밖에 없었다. 적십자 설립에 몰두함으로 사업이 몰락한 것이다. 모든 재산을 채권자들에게 내주었다. 이후 제네바를 떠나게 되었는데 그의 나이 39세였다.

뒤낭은 사람들의 기억에서 잊혀 갔다. 이후 친구들과 가족들이 보내 준 돈으로 어렵게 가난 속에서 살아갔다. 1892년에는 건강이 나빠져서 병원으로 옮겨지고 세상을 떠날 때까지 18년 동안을 병원에서 생활하게 된다.

이렇게 세상에서 잊어진 뒤낭은 극적으로 1901년 노벨위원회가 주는 평화상의 영예를 안게 되었다. 노벨 평화상의 첫 번째 수상의 영예였다. 노벨위원회는 국제 적십자에게 보내는 메달과 상금을 그에게 보내왔다. 이러한 메시지를 함께 보내왔다.

>······이러한 영광을 받을 사람은 귀하 외에는 없을 것입니다. 왜냐하면 40년 전 전쟁터에서 부상자들을 구호하기 위해 국제기구를 만든 것에 착수한 사람은 바로 귀하이기 때문입니다.

이에 대해서 뒤낭은 "도움을 필요로 하는 사람을 돕는 것 그 밖에 중요한 것은 아무것도 없다"라고 했다. 이때 그의 나이 83세였다.

뒤낭은 선한 일, 옳은 일을 하고도 가난과 병을 얻고 외롭게 삶을 살았다. 어쩌면 어려움에 처한 사람들을 돕는 선행을 행하는 사람들은 이 시대에도 뒤낭의 전철을 밟고 있다. 그리고 그들은 세상에서 잊어지고 있다. 사람들은 뒤낭과 같은 사람들을 잘 기억하지 못한다. 그들의 가정과 경제적 상황이 어려웠는지 건강한 삶이었는지 별 관심을 두지 않는다.

그럼에도 불구하고 선한 일을 계속하라. 어려운 일을 처리하고도 사람들의 기억에서 잊어질지라도 봉사하라. 숨겨진 봉사가 많아질수록 세상은 풍요롭게 되고 살 만한 세계가 될 것이다. 봉사하고 또 봉사하라.

74. 그럼에도 불구하고 봉사하라

봉사를 하는 분들의 마음에는 여러 가지 동기가 숨어 있다. 순수한 마음으로 봉사를 하는 분도 계시고, 억지로 마지못해 하는 봉사자도 있다. 자기의 이름을 알리고자 하는 봉사자도 있다. 봉사를 통해서 좋은 이미지를 얻으려는 사람들이 많은 것이 사실이다.

자기 자신의 합리화나 자기 증명의 수단으로도 봉사를 이용할 수 있다. 때로는 자기 자신을 숨기는 방어막으로도 사용할 수도 있다. 하지만 중요한 것은 어떠한 동기에서라도 봉사를 그쳐서는 안 된다는 것이다.

봉사를 중단하지 말라. 비록 좋은 동기는 선한 일을 행하는 것을 중단해서는 안 된다. 어떤 경우라도 봉사를 중단하지는 말라.

봉사에 참여하면서도 설령 이기적인 동기에서 출발한다고 해도 봉사 안에 깃들인 신성한 빛마저 퇴색시키지는 않는다. 봉사 자체에는 이기적인 동기를 탈색시키는 그 무엇이 존재한다.

봉사는 오염된 동기들을 깨끗하게 탈색시킨다. 다른 동기에서 시작해도 좋으니 우선 봉사에 참여하라. 봉사를 하다 보면 이기적인 동기들도 탈색되어 갈 것이다. 이것이 봉사의 신비로운 힘이다.

75. 백 마리째 원숭이 현상을 만들라

1950년 일본의 미야자키 현 고지마라는 무인도에서 일어난 사건이다. 그곳에는 원숭이가 20여 마리 살고 있었는데 이들의 먹이는 주로 고구마였다. 원숭이들은 처음에는 고구마에 묻은 흙을 손으로 털어 내고 먹었는데 어느 날 한 살 반짜리 젊은 원숭이 한 마리가 강물에 고구마를 씻어 먹기 시작했다. 그러자 다른 원숭이들이 하나 둘 흉내 내기 시작했으며 '씻어먹는' 행위가 새로운 행동양식으로 정착해 나가기 시작했다.

고구마 씻기를 하는 원숭이 수가 어느 정도까지 늘어나자 이번에는 고지마 섬 이외 지역의 원숭이들 사이에서도 똑같은 행위가 동시 다발적으로 나타나기 시작했다. 불가사의하게도 이곳에서 멀리 떨어진 다카 자키 산을 비롯한 다른 지역에서 서식하는 원숭이들도 역시 고구마를 씻어 먹기 시작했다. 서로가 전혀 접촉이 없고 의사소통도 할 수 없는 상황에서도 마치 신호를 보내기라도 한 것처럼 정보가 흘러간 것이다.

미국의 과학자 라이언 왓슨은 이것을 '백 마리째 원숭이 현상'이라고 이름 붙였다. 이는 어떤 행위를 하는 개체의 수가 일정량에 달하면 그 행동은 그 집단에만 국한되지 않고 공간을 넘어 확산되어 간다는 불가사의한 현상을 뜻한다.

원숭이 한 마리에서 시작한 행동이 원숭이 공동체 전체로 퍼져 가듯이 한 사람의 선한 행동이 사회 전체에 영향을 미칠 수도 있다. 비록 처음 시작하는 사람은 고단하고 어려운 역경을 경험하게 될지라도 이후에는 선한 일들이 집단적으로 발생하게 될 것이다.

76. 제2의 슈바이처를 만들어라

1947년 10월 6일 미국의 유명한 잡지 '라이프' 지에는 아프리카의 성자 슈바이처 박사(Albert Schweitzer, 1875～1965)의 삶에 대한 이야기가 실렸다. 그리고 그 기사 한 토막이 한 사람을 바꿔 놓았다.

미국 애리조나 주에는 걸프오일과 멜런은행을 소유한 맬런 가문이 있었다. 윌리엄 래리머 멜런 주니어도 가문의 일원으로서 부유한 백만장자의 삶을 살고 있었다. 그가 그날 라이프지를 펴 들고 아프리카 정글에서 흑인 원주민과 함께 환하게 웃고 있는 노의사를 보았을 때 그는 문득 자신의 삶을 되돌아보게 되었다.

'나만 이렇게 행복해도 되는 것인가. 이렇게 살아가는 내 삶의 끝에는 무엇이 남을까' 그리고 나서 그는 마흔을 바라보는 나이에 자신이 어떻게 살아야 할지 다시 계획을 세우기 시작했다.

그는 슈바이처처럼 의사가 되어 남아메리카 대륙에서 의료 봉사를 벌이기로 계획을 세웠다. 그리고 자신에게 새로운 사람을 살도록 계기가 되어 준 슈바이처 박사에게 편지 한 장을 띄웠다.

'당신을 알고부터 나는 예전의 나보다 훨씬 나은 사람이 되었습니다.'

그 뒤 두 사람은 슈바이처가 세상을 떠난 1965년까지 무려 18년간 편지를 주고받았다.

슈바이처는 편지를 통해 어떻게 하면 의사로서 원주민을 잘 돌볼 수 있는지 하나하나 알려 주었다. 그리고 의사 공부, 병원 인력을 뽑는 방법 등 실제적인 조언 외에 왜 인류가 함께 나누면서 살아야 하는지 등 자신의 철학까지도 함께했다.

멜런은 정말로 그 뒤 대학에서 다시 입학해 의학을 전공하고 의사 자격증을 딴 즉시 중미 아이티의 아르티보니트 계곡 속으로 들어갔다. 그리고 자신의 전 재산을 들여 병원을 지은 뒤 슈바이처의 이름을 따서 간판을 내걸었다. 그는 다른 의사들을 고용해 환자를 돌보는 것 외에 교육시설까지 마련해 아이들을 가르쳤다.

1989년 세상을 떠날 때까지 그가 한 일은 자신의 스승인 슈바이처가 아프리카에서 했던 그대로였다. - 좋은 생각 - 참조

77. 가난한 사람들을 돕되 창의적으로 도와라

선한 일의 영역에서도 거인들의 삶을 따라가라. 거인을 따라가면 거인을 닮게 된다. 소인배를 본받으면 소인배가 되고 만다. 좋은 리더, 좋은 멘토를 만나기 위해 노력해야 한다. 그들을 본받으려 한다면 삶은 달라진다. 스승의 영향은 인생의 변함없는 법칙이다. 우리가 그 누구를 바라보고 영향을 받는가에 따라서 생각이 바뀌고 행동이 바뀔 것이다.

방글라데시의 무하마드 유누스(Muhammad Yunus, 1940

~)는 그라민 은행(Grameen Bank)을 창립한 인물이다. 그라민 은행은 소액 신용대출(micro – credit)을 전담하는 은행이다. 최빈국에서 시작한 이 은행은 현재 미국을 비롯한 국제 사회에 많은 영향을 끼쳤다.

유누스가 시작한 '마이크로 크레디트'란 개념은 가난한 사람들에게 무담보로 소액의 종잣돈을 빌려주어서 그들로 하여금 창업 및 자립을 할 수 있도록 돕는 대안금융 제도를 말한다. 유누스는 자신의 생각을 실천하기를 30년 동안 해 오고 있다.

그는 1974년 방글라데시에 찾아온 대기아 앞에서 죽어가는 사람들을 바라만 보고 있어야 했다. "땅바닥에 서로 껴안은 채 웅크리고 있는 어머니와 자식이 우리와 같은 세상 사람들인지 아니면 이미 다른 세상으로 떠났는지 알 수 없었다."라고 회상했다.

치타공 대학에서 경제학을 가르치던 그는 수많은 사람들이 굶어 죽어 가는 것을 보며 자신이 가르치는 경제학에 회의가 생겨났다. 그는 고민하기 시작했다. 미국 대학으로 돌아가 안락하게 살자는 미국인 아내에게 "조국의 빈민을 버릴 수 없다"라며 이혼하는 아픔을 겪기도 했다. 이후 그는 대학교수직을 버리고 자신의 조국에서 빈민퇴치운동에 헌신하게 되었다.

유누스가 세운 그라민 은행은 42명에게 27달러 빌려 준

것으로 출발했다. 1972년 대학 인근 마을 어민 42명이 낡은 어망을 고치는 27달러짜리 기계를 사기 위해 대출을 신청했지만 은행은 담보도 없고 회수가 불투명하다며 이들에게 대출해 주기를 거절했다. 이를 지켜본 유누스는 그 자리에서 자신이 보증을 서 대출을 받도록 했다. 물론 어민들은 그물을 고쳐 어획량을 올린 뒤 그 돈을 모두 갚았다.

이렇게 처음 시작은 미미했다. 특히 '가난한 사람들은 스스로의 힘으로 가난에서 벗어날 수 없다'라는 편견과 '여성은 남성보다 능력이 모자란다'라는 사회적 편견과 싸우기로 했다. 이러한 까닭에 그라민 은행은 주로 여성들에게 소액의 돈을 빌려 주기로 방향을 정했다.

방글라데시에서 여성은 기근이나 가난의 문제는 남성보다 훨씬 더 직접적으로 노출돼 있었기 때문에 돈이 필요했다. 만약 가난에서 벗어날 동등한 기회가 주어진다면 여성은 남성보다 더 성실하게 자신들의 운명에 책임을 지려 했다. 여성은 남성들보다 자녀들에 대한 사랑이 크고 따라서 아이들을 끝까지 보살피는 강한 모성이 있음을 그라민 은행은 알고 있었다.

이렇게 여성들에게 소액을 빌려 준 사례는 대단히 큰 성공을 이루게 되었다. 놀랍게도 상환율은 96%가 넘었다. 현재 그라민 은행은 99% 상환율을 기록하고 있다. 그라민 은행의 예측은 정확했다. 가난한 자들, 특히 여성들은 정직하게 자신들의 돈을 이용하고 또 갚아 갔다. 유누스의 소액대출로 인해서 방글라데시에서 가난은 조금씩 물러가고 있다. 아직도 갈 길은 멀기만 하다.

그라민 은행은 대출을 해 줄 때 대출자가 지켜야 할 16계명이 있다. 그중에서 몇 가지만 소개하고자 한다.

첫째, 망가진 집에서 살지 않고, 집을 수리하거나 새집을 짓는다.

둘째, 1년 내내 야채를 재배해 최대한 많이 먹고 남는 것을 판다.

셋째, 아이들을 교육시키고 배우기 위해 돈을 벌 수 있다고 가르친다.

넷째, 부당한 일을 하거나 당하지 않는다.

다섯째, 언제나 수입을 늘리기 위해 투자를 아끼지 않는다.

여섯째, 언제나 남을 돕는다.

무하마드 유누스의 그라민 은행이 내딛은 발자국은 처음에는 보잘것없었다. 하지만 시간은 높은 뜻을 지닌 자들의 편이다. 누구도 유누스의 실험이 성공하리라고는 예상하지 못했다.

현재는 전 세계적으로 빈민들을 위한 은행이 속속 설립되어 가고 있다. 한 사람의 작은 걸음이 위대한 걸음을 만들고 있다. 무하마드 유누스는 세계인들이 그라민 은행을 모방하는 '백 마리째 원숭이 현상'을 만들어 낸 것이다.

김선호 ─────────────────────────────────

▌약 력

서울신학대학에서 신학수업을 시작하여 호서대학교 연합신학대학원에서 신약학으로 박사학위를 취득하였다. 지난 2002년부터 단국대학교 의료원에서 원목으로 환우들을 섬겨 왔다. 단국대학교 의료원에서 원목으로 활동하는 동안 아픈 환우들과 함께 치유에 대한 희망을 나누었다. 현재 푸른나무 교회 '열인헌(悅人軒)'이라는 열린 기독교 연구소를 준비 중에 있다. 열인헌이란 모든 사람들을 기쁘게 맞이한다는 뜻으로 기독교를 새롭고도 깊이 있는 시선으로 풀어내는 기독교 아카데미다. 따라서 사람들이 쉽게 참여할 수 있는 열린 공간을 통해서 자유로운 토론과 교육의 장을 선보일 예정이다.

▌주요 저서

「하늘지혜」, 「깊은 맛이 배이기까지」, 「대안체제와 사회적 영성」, 「모순의 땅을 걸어가다」, 「예수의 엑소시즘 바로보기」 등

초판인쇄 | 2009년 9월 14일
초판발행 | 2009년 9월 14일

지은이 | 김선호
펴낸이 | 채종준
펴낸곳 | 한국학술정보㈜
주　소 | 경기도 파주시 교하읍 문발리 파주출판문화정보산업단지 513-5
전　화 | 031) 908-3181(대표)
팩　스 | 031) 908-3189
홈페이지 | http://www.kstudy.com
E-mail | 출판사업부　publish@kstudy.com
등　록 | 제일산-115호(2000. 6. 19)

ISBN　978-89-268-0371-4 03100(Paper Book)
　　　978-89-268-0372-1 08100(e-Book)

이담 Books 는 한국학술정보(주)의 지식실용서 브랜드입니다.